Abram Neufeld

Stärke unseren Glauben

Gedichte

Band 3

Abram Neufeld
Stärke unseren Glauben
Gedichte - Band 3

1. Auflage 2012
© Lichtzeichen Verlag GmbH, Lage
Umschlag / Satz: Gerhard Friesen

ISBN: 978-3-86954-052-8
Bestell-Nr. 548052

Inhaltsverzeichnis

Rüstung und Glauben

7

Gottes Natur

Dürrholz

Wie prächtig steht der grüne Wald,
hört, wie die Blätter rauschen.
Der Vögel Lieder laut erschallt,
viel' Leute stehn und lauschen.

Doch gibt es auch im grünen Wald
manch' längst verdorrte Bäume.
Die andern bieten ihnen Halt,
sie stehn nur da zum Scheine.

Sie kämpfen nicht in Wind und Sturm,
verschwunden sind die Kräfte.
Zerfressen hat sie längst der Wurm,
nicht zieht die Wurzel Säfte.

Im Dürrholz ist kein Leben mehr,
auch die schon längst gefallen.
Verschwunden ihre Pracht und Zier,
verstummt der Blätter lallen.

Auch sieht man oftmals im Verein
wie Dürrholz solche Leute.
Erloschen ist der helle Schein,
kein Glanz sich nicht verbreite.

O Kinder Gottes, seht den Baum,
der einst mit Frucht beladen.
Heut bleibt zurück ein leerer Traum,
er ist nicht mehr vorhanden.

Zur Warnung nehmt dies Beispiel an,
steht fest für Gottes Sache,
dass nicht der Feind einschleichen kann
und euch zu Dürrholz mache.

Licht und Dunkel

Die Seel die Dunkelheit durchdringet,
löst auf die Nacht der Finsternis.
Ein Lichtstrahl neue Flügel schwinget,
verscheucht jedwedes Hindernis.

Vom Licht sind Feld und Wies' umstrahlet,
der Mensch vom Neuen froh erwacht.
Im Tale noch der Nebel wallet,
die Liebe schon im Herzen lacht.

Es leuchten glänzend Wassertropfen,
vom Morgentau nach dunkler Nacht.
Schon trillern Sänger laut und klopfen,
hört, was das heilge Wort uns sagt.

Die falsche Welt muss endlos schwinden,
hört doch den Ruf, kommt heim zum Herrn.
Nur wer in ihm kann Frieden finden,
wird hören Gottes Wort auch gern.

Die Welt, in Dunkel eingehüllet,
im Rausch der Sünde freudig lacht.
Am Morgen Katzenjammer füllet,
den Kopf nach ausgelassner Nacht.

O Bruder, kehre um, lass fahren
die Welt mit ihrem eiteln Schein.
Dann siehst am Morgen du den klaren
und ungetrübten Sonnenschein.

Schau an, wie Gott die Welt erschaffen,
mit Lieb für uns zum Wohlgenuss.
Wer dies im Glauben kann erfassen,
wird eingehn einst ins Vaterhaus.

Goldener Frühling

Am Himmel strahlt ein großer Bogen,
ein warmer Regen zog durchs Land.
Mit frohem Lied die Lerche oben
ein' Gruß dem Karpf' im Teiche sandt'.

Schon öffnen sich die Knospen leise
und leuchten in der Frühlingspracht.
Ein Morgenlied singt von der Reise
der Star nach langer Winternacht.

Die Morgenröte leuchtet heller,
sein Lied der Frosch stimmt an im Rohr.
Der Herzschlag in der Brust wird schneller,
die Seele schwingt den Blick empor.

In allem diesem bunten Treiben
ein Hoffnungsstrahl von neu erwacht.
Es kann nicht immer Winter bleiben,
hört, wie die Jugend freudig lacht.

Legt ab die Schanze, - die Gewehre,
vernichtet nicht der Felder Pracht.
Bald schmückt das Land die goldne Ähre,
dankt dem, der alles hat geschafft.

Zum Wohl den Menschen ist gegeben
von Gott die wunderschöne Zeit;
dass wir in Eintracht sollen leben,
in Frieden und in Einigkeit.

Wo Gott als Erster steht im Bunde,
da herrscht der Friede allezeit.
Dort schallet laut zu jeder Stunde
das Loblied Gottes weit und breit.

Glaubensgemeinschaft

Wenn Schneeglöckchen die Blüten zeigen,
das Herz berührt von neuer Kraft;
dann Dankeslieder aufwärts steigen,
ein neues Leben ist erwacht.

Sie widerstehn dem Frost, der Kälte,
entfalten stolz die Blütenpracht.
Als Treibkraft ihre Zwiebeln gelten,
die frühe schon sind aufgewacht.

Sie stehen gerne in Gemeinschaft,
verbunden in der Wurzel fest.
Verlockend, zierlich, voller Eintracht
blüh'n sie vereint in einem Nest.

So geht's den Menschen auch im Leben,
sie brauchen einen festen Halt.
Zum Widerstehn des Feindes streben
und überwinden Spott, Gewalt.

Allein der Mensch kommt bald ins Wanken,
wenn er kein' festen Anschluss hat.
Der Feind mit Worten und Gedanken
verleitet schnell zu böser Tat.

Nur dort, wo wahre Gottesliebe
vereint im Glauben und Vertraun,
die kindlich zarten jungen Triebe
mit Eintracht in die Zukunft schau'n.

So lasst uns die Gemeinschaft pflegen,
in guter wie in schwerer Zeit,
ein Zeugnis vor der Welt ablegen,
als Gottesstreiter stehn bereit!

Sommerfreuden

Ein neues Leben ist erwacht,
es sprosst und blühet überall.
Die Bäume stehn in voller Pracht,
hell klingt der Vögel Liederschall.

Auch auf dem Land sieht jedermann,
wie 's grüne Feld wallt in der Früh.
Mit Stolz der Bauer schaut es an,
als Lohn für seine Arbeit - Müh.

Dies ist des großen Schöpfers Werk,
wir sehn die Wunder der Natur.
Der Sommer zeigt uns seine Stärk',
hier sehn wir Gottes heilge Spur.

Das Licht, die Luft, den Blütenduft
zu unserm Segen schuf der Herr.
Erkennt in diesem Gottes Kraft,
nur ihm gebühret Lob und Ehr.

Verwaltet, was uns anvertraut.
Der große Gott in seiner Lieb
mit Ehrfurcht in die Zukunft schaut,
dass jeder sich in Demut üb.

Lass uns nicht fallen ins Gericht,
richt' stets die Schritte himmelan,
dass leuchte hell sein Angesicht
und leite uns auf rechter Bahn.

So klingt ein Lied aus voller Brust,
stimmt alle in den Jubel ein!
Das Herze jauchzt vor Freud und Lust:
Wie schön - ein Gottes Kind zu sein!

Eine Wasserrose

Ein Samenkörnlein tief versenkt
im Schlamm des Teiches Gründen,
doch leise eine Hand anfängt,
das Leben zu entbinden.

Gar mutig bahnt es sich den Weg,
hinauf zum Licht, zur Freiheit.
Der klare Sonnenschein sogleich
durchdringt's mit seiner Klarheit.

Der Schlamm es fester noch umschließt,
will's nicht zur Höhe lassen.
„Nein, ich erkenne deine List,
dich werd ich ewig hassen!"

Ein kräftger Spross mit Macht stieg auf,
dem Sonnenschein entgegen.
Noch kannte niemand seinen Lauf,
doch Gott gab schon sein' Segen.

Und als die frühen Morgenröt'
die Wasserfluten streichen,
ein edelweißes Röslein blüht,
ein Wunder keines gleichen.

Mit seinem strahlend hellen Haupt
es steht als wahrer Sieger.
Es hat dem Schlamm die Macht geraubt
und spricht: „Nie kehr ich wieder!"

Auch du, mein Freund, bist tief versenkt
in Nacht und Dunkelheiten,
blick auf zu dem, der alles lenkt,
lass dich zum Heil bereiten.

Verlass die Welt, die sünd'ge Bahn,
die eitle Lust lass schwinden.
Schau auf zum Kreuz, wo 's Gottes Lamm,
so wirst du Ruhe finden!

Die Lebenssonne

Aus dem Meere steigst du wieder,
mächtger Sonnenglanz, empor.
Alles singt dir Freudenlieder,
Berg und Hügel, Wald und Flur.

> Durch Verzweiflung, Kämpfen, Ringen,
> durch Verworrenheit, Betrug
> Wahrheitsworte mächtig dringen
> tief ins Herze wie ein Pflug.

O erwärm mit deinen Strahlen
manch verstörtes Sünderherz,
dass der Bosheit Fesseln fallen,
es erquicken von dem Schmerz.

> Schau, wie eine Freudenträne
> quillt aus der erlösten Seel.
> Hoffnung nach durchkämpftem Sehnen,
> neues Leben führt zum Ziel.

An dem Fels die Wellen brechen,
schäumend sinkt die Macht daher.
Auch die Ozeane sprechen:
„Hosianna, mächtger Herr!"

> Dir mein Gruß, allmächtge Sonne,
> du regierst das Weltenall,
> füllst die Herzen voller Wonne,
> Licht und Segen überall.

Aus der finstern Nacht befreiest
die im tiefen Schlafe ruh'n.
Ihren Lebenslauf erneuerst,
dass ihr Schritt werd fest und kühn.

> Jesus, unsre Lebenssonne,
> sei gepriesen alle Zeit.
> Noch manch Sünderherz versöhne,
> mach zum Leben es bereit.

Zur Herbstzeit

In der Morgenstunde
golden glänzt der Hain.
Hört die Trauerkunde,
Scheiden muss nun sein.

Öd sind Feld und Wiesen,
stille schweigt der Wald.
Raue Winde säuseln
schauerlich und kalt.

Leis die Tropfen fallen,
trüb der Himmel scheint.
Um die goldnen Strahlen
mehr kein Blümlein weint.

Auch die Jahre schwinden
wie die Wog' im Meer.
Wo wirst Ruh du finden,
wenn's im Herzen leer?

Darum, meine Seele,
trau auf Gottes Wort.
Harre in der Stille,
such der Seele Hort.

Dann kommst du zum Ziele
nach vollbrachtem Lauf,
wo die Gnad in Fülle
schließt den Himmel auf.

Froh wird dich begrüßen
eine Engelschar.
Selig das zu wissen -
o, wie wunderbar!

Eine Wolke

Leis eine Wolk' am Himmelszelt
wird von dem Wind getrieben.
„Erwähle, wo es dir gefällt",
so spricht der Wind entschieden.

„Schau, wie die dürre Erde lechzt,
vor Durst im Staube schmachtet.
Gib Wasser, dass es wieder wächst
und alles neu erwachet."

Die Wolke zog den Weg dahin,
gab reichlich ihren Regen.
Gott sah es an mit frohem Sinn
und schenkte seinen Segen.

Die Ähren wuchsen nun mit Macht,
das Feld zur Ernte schreitet.
Der Bauer ruft: „Seht, welche Pracht
hat Gott für uns bereitet!"

Die Wolke hat ihr Werk vollbracht,
gab selbst sich hin entschieden.
Noch eh man es so recht bedacht,
war nichts von ihr geblieben.

Die liebe Wolke ist nicht mehr,
doch wird man's ihr gedenken.
Sie war bereit, im Dienst des Herrn
ihr Leben zu verschenken.

Dies sollt' für uns ein Beispiel sein,
lasst Demut stets uns üben.
Und ernstlich, nicht mit äußerm Schein,
den Nächsten kindlich lieben.

Allmächtiger Gott

Wenn ich die Blicke aufwärts hebe,
seh ich des Himmels große Pracht.
Du hast der Welt das Licht gegeben,
hast Sonne, Mond und Stern gemacht.

Der Mond zieht majestätisch herrlich
die Bahn, die du für ihn bestimmt.
Die Sterne stehn im Reigen zierlich
wie Kerzen flimmernd in den Wind.

Zu Gottes Ehr sind Felder, Wiesen
in allen Farben reich geschmückt.
Die Berge stehn wie große Riesen,
im weißen Kleide hoch beglückt.

Schon kommt ein neuer Tag gegangen,
erwärmt die Erd mit seinem Strahl
und die Natur mit ihrem Prangen
erfüllt die Luft mit Liederschall.

In allem sieht man Gottes Ehre,
er schuf die Welt nur durch sein Wort,
dass sie gedeihe, sich vermehre,
in Frieden lebe allerort.

Hier ist kein Anfang auch kein Ende,
die Wunder Gottes ohne Zahl,
dass jedes Blümchen Liebe spende,
auch in dem fernsten Wiesental.

Auch ich möcht deine Lieb erhöhen,
für das, was du an mir getan,
dass alle hier in Ehrfurcht stehen,
dich loben, danken, beten an.

Frühlingsjubel

Wie schön ist es im jungen Wald -
die ersten Blümlein blühen,
wenn in den Kronen wiederhalt
des Windes leises Wehen.

Der letzte Schnee taut auf der Flur,
die Wasserbächlein rauschen.
So schwindet leis des Winters Spur
und still die Bäumchen lauschen.

Ein Häslein springt durchs Waldrevier,
wärmt sich im Sonnenstrahle.
Dann macht es Männchen wie zur Zier
und eilt hinab ins Tale.
Die ganze Kreatur erwacht,
vorbei ist Winters Schauer.
Das Herze jubelt, jauchzt und lacht,
hinweg jedweder Trauer.

Die Herzenstüre öffnet weit,
lasst ein die Sonnenstrahlen.
Der Bräutigam ist schon bereit,
bald wird die Stimm erschallen.

O hört, es ist die letzte Zeit,
dann wird der Heiland kommen.
Wer wird zu folgen sein bereit
mit all den heilgen Frommen?

Was neu im Lenz geboren ist,
gewaschen rein im Blute,
wird wartend stehn zu jeder Frist,
genießen von dem Gute.

Herbstliche Zeiten

Herbstlich wehn die kalten Winde,
leise rauscht das dürre Laub.
Nirgends eine Blum zu finden,
alles fällt in Asch und Staub.

Golden schimmern noch die Blätter.
Auch der letzte Abschiedsschmuck
wird verscheucht vom bösen Wetter,
nichts bleibt von der Pracht zurück.

Wie die Blätter, so die Menschen,
schnell entflieht die Lebenszeit.
Nur noch eines bleibt zu wünschen:
Herr, mach uns dazu bereit!

Kraftlos oft den Blick wir heben,
Heiland, schenke neuen Mut,
dass mehr Liebe wir hier geben
für den Nächsten dir zugut.

Hilf, dass unser Werk gedeihe
nach Vermögen und nach Kraft.
Von der Trägheit uns befreie,
dass die Hand mehr Gutes schafft.

Zünde an die Lebenskerzen,
dass sie leuchten überall,
dass noch manche müde Herzen
sich erheben von dem Fall.

Dass die Augen leuchtend strahlen,
von dem ewgen Glanz erhellt,
Lobgesänge freudig schallen
durch die herbstlich kalte Welt.

Der Lilie gleich

Im Wasser, auf dem Grunde tief
ein Samenkörnlein ruhet.
Es hält das Leben fest im Griff,
bis Winternacht vergehet.

    Wenn dann der Frühling tritt herein,
    die Dunkelheit muss weichen.
    Durchs Wasser dringt ein Sonnenschein,
    kann schnell die Saat erreichen.

Bald aus dem Schlummer es erwacht,
zum Licht, zur Freiheit strebet.
Ein Stängel hebt das Köpfchen sacht
Empor, wo alles lebet.

    Sein Gruß der Sonne gilt allein,
    sehr bald sich reich entfaltet.
    Der Lilie weißer Blätterschein
    wird prächtig reich gestaltet.

Auch in der Menschenseele ruht
ein Körnlein, still verborgen.
Es mahnet leis: „Fass frischen Mut
an jedem neuen Morgen."

    Wer Gottes Liebe recht erkannt,
    die er im Sohn gegeben,
    vernimmt das Klopfen seiner Hand,
    sie ruft zum ewgen Leben.

Ein Gottesstrahl erweckt den Geist,
dringt ein durch Herz und Seele.
Und du fürwahr es auch ergreifst,
dies ist des Schöpfers Wille.

    Dass auch dein Herz, der Lilie gleich,
    den schönsten Duft vermehre,
    so dein Gemüt, an Weisheit reich,
    lobpreise Gottes Ehre.

Gottes Allmacht

Wunderherrlich steht die Landschaft,
von des Schöpfers Hand gezeugt.
Das ist wahrlich Gottes Handschrift,
wer hat so was je erreicht?

Von der Allmacht Gottes zeugen
Himmel, Erde, Tag und Nacht.
Schau den Sternenglanz im Reigen,
durch sein Wort hat er's gemacht.

Auch die Sonn mit ihren Strahlen
dringt in jedes Haus hinein.
Selbst die Erd' mit Wohlgefallen
Leben zeigt in jedem Keim.

Wenn vom Tau die Gräser glänzen,
dichte Nebel ziehn einher;
kaum erkennbar noch die Grenzen,
wo das Ufer, wo das Meer.

Dieses sind die Wunder Gottes,
was kein Mensch je hat erdacht.
Nur die Allmacht seines Geistes
hat vollkommen es gemacht.

Alles ist dem Mensch' gegeben,
hier zu nützen für die Zeit,
dass wir unsre Stimm' erheben,
Gott zu danken stets bereit.

Dass wir möchten weise werden,
ihm vertrauen allezeit.
Wenn der Herr einst kommt auf Erden,
wir zu folgen dann bereit.

Specht und Marder

Der Honigdachs, ein Mardertier,
in Afrika geboren,
ist mit den Specht in sein' Revier
ganz brüderlich verschworen.

Der Specht die Bienenwaben liebt,
nicht immer kann erreichen.
Darin der Marder mehr geübt,
kann leicht das Nest aufbrechen.

So sucht ein Specht den Marder auf,
führt ihn zum Nest ergeben.
Der stürmt das Nest im vollen Lauf,
hier ist für ihn das Leben.

Mit Eifer saugt den Honig ein,
die Waben bleiben liegen.
Woran der Specht erquickt sich fein,
kann munter weiter fliegen.

Auch David spricht vom Honigseim,
wie schmackhaft er und köstlich.
Vergleicht das Wort der Bibel fein,
wie lieblich es und köstlich.

Wie Gold und Honigseim es nährt,
zeigt uns den Weg zum Leben.
In Trübsal und in Leid bewahrt,
im Todestal ergeben.

Merk auf, mein Leser, schätze recht
den Reichtum in der Bibel.
Was hier gegeben, völlig reicht
zu stehn in diesem Leben.

Schöner ist der Himmel

Der Sommerweber ist gezogen,
die Bäume stehn, von Blättern frei.
Die Kraniche vorüber flogen,
auch Schwalbenflug ist längst vorbei.

    Schneeflocken leise niederfallen,
    der Himmel hängt von Wolken schwer.
    Die letzten Laute leis verhallen,
    im Walde singt kein Vogel mehr.

Wie süß sind Abenddämmerstunden,
beim Feuer an dem warmen Herd,
wo Mann und Frau ganz eng verbunden,
die Liebe sich ins Herz bewährt.

    Doch find' das Herz kein Ruhekissen,
    es mahnet - denk, du bist ein Gast.
    Einst wirst du von hier scheiden müssen,
    wie du gelebt, so ist die Rast.

Hast du den Heiland aufgenommen?
Ist er dein Trost, dein Schutz, dein Heil?
Was dann auf Erden auch mag kommen,
dir wird die Himmelsruh zuteil.

    Der Wind im Felde bläst die Flöte,
    sein Lied er wiederholt zumal.
    Wie herrlich schön sind die Planeten,
    doch alles kommt einmal zu Fall.

Viel schöner wird es sein im Himmel,
wo Gott die Wohnung hat bereit.
Fort von dem wirren Weltgetümmel,
dort endet alles Weh und Leid.

    Dort gibt's ein frohes Wiedersehen
    auf selgen grünen Himmelsau'n.
    Wenn wir vor Gottes Throne stehen,
    von Angesicht den Heiland sehn.

Frühlingsfreuden

Wie schön ist es auf Waldes Fluren,
wenn frisch ein Schneeglöckchen erblüht.
Trotz Winters hinterlassnen Spuren,
hell schon das Morgenrot erglüht.

Die Bächlein abwärts eilend rauschen,
kristallen hell so frisch und klar.
Die Bäume schweigend stehn und lauschen,
schon Einkehr hält die Vogelschar.

Der Lenz ist da und alles blühet,
ein lieber Sonnenstrahl erwärmt.
Ein selger Hauch ins Herz einziehet,
schon seine Tür weit offen hält.

Und alles, was von neu geboren,
das Herze rühret und bewegt.
Der uns zum Leben auserkoren,
hat dies Gefühl ins Herz gelegt.

Die Seele möchte hüpfen, singen,
dass es erschalle in die Weit'.
Mein Dank dem lieben Heiland bringen,
ihm sei mein Leben ganz geweiht.

Zu unserm Wohl hat er gegeben,
die Schönheit aller Kreatur.
Er schenkt den Odem, schenkt das Leben,
lässt frisch erblühn die grüne Flur.

Dies lasst uns nimmer nicht vergessen,
ihn tief im Herzen schließen ein.
Stets seine Liebe zu ermessen,
soll unser Ein und Alles sein.

Später Mond

Aus der schattentiefer Nacht empor
tauchst du, Kahn der Kindheit, wieder,
zum kristallen lichten Wolkenchor
schaust verklärend, glücklich nieder.

Tief versunken im Gedankenspiel,
bleib ich sinnend stille stehen.
Ja, es sind der Jahre schon so viel,
wie ich prächtig dich sah ziehen.

Schon erloschen längst die Knabenzeit,
fühlt das Herze noch den Zauber.
Schon im Nebel sind die Tage weit,
nur Erinnerung bleibt über.

Segnend steigst du auf zum Sternenlicht,
dank der großen Gottes Gnade.
Dass die Sonn nicht blendet dein Gesicht,
ziehst du nachts auf deinem Pfade.

Alles läuft nach Gottes Harmonie,
Ordnung ist auf jedem Felde.
Festen Auftrag jedem er verlieh
durch sein Wort und seine Gnade.

Gott regiert das ganze Weltenall,
jedem Stern zeigt seine Wege.
Er ist gegenwärtig überall,
kennt auch die geheimen Stege.

Auch den Menschen er gebietet hier,
deine Zeit ist abgemessen.
Lebe, dass dein Wandel sei zur Ehr,
nie zu danken ihm vergesse.

Unser Brot

*„Im Schweiße deines Angesichts sollst du dein
Brot essen…"* (1. Mose 3,19)

Schon die goldnen Ähren reifen,
stehen dicht in Reih und Glied.
Leise wallend Winde streifen,
süßer Duft die Luft durchzieht.

 Wunderbare Zeiten rauschen,
 sie erfreuen jedes Herz.
 Froh des Landmanns Ohren lauschen,
 dankbar schaut er himmelwärts.

Gott schenkt reichlich seinen Segen,
dass wir leiden keine Not.
Sandte Sonnenschein und Regen,
schenkt auch unser täglich Brot.

 Wer kann heute es ergründen,
 wie viel Menschen hier gewirkt.
 Mühevoll so manche Stunden,
 eh die Frucht das Feld geziert.

Mehr als Tau ist Schweiß geflossen
redlich von des Landmanns Haupt.
Heut darf Segen er genießen,
mehr als je er hat geglaubt.

 So lohnt Gott des Menschen Mühe,
 wer sein Tagwerk treu vollbracht,
 für den Herrn wirkt spät und frühe,
 eine reiche Ernte schafft.

Seele, lass dir's nie gereuen,
weihe deine Kraft dem Herrn.
In den jungen Herzen streue
reiche Saat mit Freuden gern.

Abendruhe auf dem Land

Bezaubernd süß entzückter Abend,
die Seele schlummert wie im Traum.
Der wolkenlose Himmel labend
deckt alles zu im dunklen Raum.

Wohin das Auge sich auch wendet,
Geheimnis rings die Erd umhüllt.
Kein Lichtstrahl mehr das Antlitz blendet,
nichts regt sich mehr auf dem Gefild.

Kein Ast, kein Blättlein nicht mehr zittert,
kein Windhauch durch die Bäume streift.
Den feuchten Morgentau man wittert,
dass alle Kreatur ergreift.

Doch in dem tadellosen Schweigen
ist nicht erschöpft die Todesnacht.
Tief in der Erde, leise regend,
die Wurzeln spenden Lebenskraft.

Und rings umher das Leben duftet,
in seiner Schönheit voller Pracht.
Der stille Abend leise öffnet
die Lyrik der verschwiegnen Nacht.

Im stillen Frieden solcher Stunden,
wo alles lauscht, wo alles schweigt,
ein Engel schwingend macht die Runden
und liebend sich zur Erde neigt.

Ein stilles Säuseln, leises Lallen
belebt die Herzen neu mit Kraft.
Die reine Lieb mit Wohlgefallen
erfüllt das Herz zur stillen Nacht.

Das Bäumchen und wir

Wieder steht das Bäumchen traurig
ohne Feierkleid und weint.
Schon der Nordwind wehet schaurig,
triumphierend, wie's so scheint.

Alle Blätter sind verwehet,
weit hin über Berg und Tal.
Regen strömend niedergehet,
leise tönt ein Wiederhall.

Tief sich seine Äste beugen,
voller Trauer sein Gemüt.
Dieses Bild will uns hier zeigen,
dass auch unsere Zeit entflieht.

Was vorbei, kehrt nie mehr wieder,
unsere Jugend ist dahin
und wir singen Trauerlieder
um die Wette mit dem Wind.

Traure nicht, o liebes Bäumchen,
bald dich schmückt ein neu' Gewand.
Von der Flur dich grüßt ein Veilchen,
wenn der Frühling zieht ins Land.

Einsam stehn wir dann alleine,
schon das Haupt mit Schnee geschmückt
und zum Abschied leise weinen,
einst wir waren reich beglückt.

Dann wir gehn und kehren nimmer
hin zum Land, wo keine Nacht.
Wo der Sterne goldner Schimmer,
wo das Herz voll Wonne lacht.

Winteridylle

Wie schön ist doch das Winterkleid,
das der Natur von Gott bereit't.
Wie Seide strahlt im goldnen Glanz,
geschmückt wie eine Braut zum Tanz.

Die Föhren stolz im Raureif stehn,
bezaubernd ihren Schmuck zu sehn.
Kristallen hell im Sonnenstrahl,
so zierlich wie zum Festtagsmahl.

Die Dächer all mit Schnee bedeckt,
ein Teppich übers Feld sich streckt.
Die Weide an dem Weiherstrand,
verschleiert von des Zaubers Hand.

In diesem Wunder der Natur
erkennt man wahrlich Gottes Spur.
Doch wie viel schöner wird's einst sein,
wenn wir zum Himmel ziehen ein.

Geschmückt am weißen Throne stehn
und Gottes Herrlichkeiten sehn.
Viel schöner, als man je gedacht,
das hat Gott selbst für uns gemacht.

Dies ist für jedes Gotteskind,
die rein im Blut gewaschen sind,
die hier auf Erden ihn erkannt,
mit ihm ziehn freudig Hand in Hand.

Die schönste Harmonie der Welt,
wer sich an Gottes Wort hier hält.
Der ist erlöst von Sünd und Tod,
nicht schreckt der Erde Leid und Not.

Der Schatz

„Ihr sollt euch nicht Schätze sammeln auf Erden,
da sie die Motten und der Rost fressen und da die
Diebe nachgraben und stehlen." (Matthäus 6,19)

Wie reich hat Gott die Erd gefüllet
mit Schätzen aller Denkbarkeit.
Im Meer und in der Erd verhüllet,
für alle Menschen stets bereit.

Nicht nimmt man's beim Vorübergehen,
was in den Meeren liegt versenkt.
Man kann wohl auf der Erde stehen,
oft ist der Schatz nicht leicht entdeckt.

Viel Müh und Arbeit muss man bringen,
Erfolg krönt tagelange Last.
Soll dir das Tagwerk recht gelingen,
halt eifrig an, scheu keine Hast.

Des Geistes Schatz, der in der Seele,
steht auch nicht in der Offenheit.
Nur weise Herzen in der Stille
vernehmen Gottes Freundlichkeit.

Wer kann so lieben wie der Heiland,
sein Leben ganz dem Nächsten weih'n?
Trotz eig'nem Schmerz den andern heilen
und wer dich kränket, leicht verzeihn.

Wer denkt an Waisen, die verschmachten,
sich grämt und trauert in der Nacht?
Wer hilft dem Nächsten, der verachtet
vom andern kalt wird abgesagt?

Man sollte nicht missachtend lachen
und ehrlich mit sich selber sein.
Wenn andre es vielleicht auch machen,
nie an der Not vorüber gehn.

Der kluge Mann hat treu gewuchert
mit seinem anvertrauten Pfund.
So hat er sich ein' Schatz gesichert,
er schloss mit Gott ein' ewgen Bund.

Halt diese Weisheit stets in Ehren,
acht' auf des Schöpfers weisen Rat:
Den anvertrauten Schatz vermehre,
so wie der kluge Mann es tat.

Herbstliche Träume

Feld und Wald geschmücket zierlich,
zeigt der Herbst sein neu' Gewand.
Sonnenstrahlen blinken spärlich,
leis ein Schauer zieht durchs Land.

Nebel wallt zur Morgenstunde,
durch das leere Ackerfeld.
Schwälbchen macht die letzte Runde,
zieht dann über Berg und Land.

Wieder bin ich ein Jahr älter,
doch das trübt nicht meinen Sinn.
Ob die Tag' auch werden kälter,
ist es nur zu mein' Gewinn.

Leis erlöscht das klare Feuer
und ein andres Bild steigt auf.
Schon die Winterzeit kommt näher,
flüchtig ist der Lebenslauf.

Nach des Schöpfers Wort sich wendet
alles zur bestimmten Zeit.
Winter seine Boten sendet,
bringt der Erd ein neues Kleid.

Alles hat Gott wohl erschaffen
für das Leben auf der Erd.
Wenn der Tag ist abgelaufen,
bringt der andre neue Freud.

Dass das Herz nicht bange werde,
Gott ist mit uns allezeit.
Alle Sorgen und Beschwerde
ist zu tragen Er bereit.

Nach des letzten Herbstes Scheiden
und des Winters Frost und Schnee,
sind zu End' die Erdenleiden,
Gott macht alles wieder neu!

Die Wunder Gottes

Schau an die großen Wundertaten,
die Gott, der Herr, bereitet hat.
Die Sonnenstrahlen und den Schatten
schuf er nach seinem weisen Rat.

Es glänzt der Schnee im Wiesengrunde,
wie herrlich doch zur Winterzeit!
Es knackt der Frost zur nächt'gen Stunde,
wenn klar der Mond durchs Fenster scheint.

Wenn die Natur fängt an zu leben,
der Himmel flammt in voller Pracht,
wenn sich vom Land die Nebel heben,
dann sei dem Schöpfer Dank gebracht.

Wenn alles grünt und blüht im Sommer,
der Wald, die Wiesen rings umher,
dann ruft das Herze immer wieder:
Dem großen Schöpfer Dank und Ehr!

Wer kann die Herrlichkeit ergründen,
die Gott für uns bereitet hat?
Hier ist das höchste Glück zu finden,
in der Vollendung seiner Tat.

Und alles, was auf Erden lebet,
das sind die Wunder seiner Macht.
Wie alles doch zur Sonne strebet,
auch Stern und Mond hat Gott erschafft.

Wo diese Schönheit sich verbreitet,
ist Frieden, stille süße Ruh.
In voller Ehrfurcht angeleitet,
sag Dank dem Schöpfer immerzu.

Vom Glänzen

Schlanke, dünne Birkenbäumchen
zieht die Frühlingssonne an.
Klein die Blätter noch ein Weilchen,
festlich schmückt die Sonn' sie dann.

Sorgenlos auch wir erzogen,
nicht erkannt des Lebens Sinn.
Wie die Vöglein auch ausflogen,
manch ein Fehltritt nahmen hin.

Hinter Fehler, Traumbild, Wünsche
kam Vergeltung als Tribut.
Tiefer zog es in die Sümpfe,
lernten stehn fest auf der Hut.

Winter, Sommer sind vergangen,
auch die Bäumchen wurden groß.
Manche Wund die Rind empfangen,
manche Trän' im Grase floss.

Lernten tief zur Erd sich beugen,
doch gebrochen sind sie nie.
Still in Demut waren Zeugen
von dem, was gelehrt schon früh.

Alles konnten sie ertragen,
manch ein Sturm zog wild einher.
Eines will ich hier nur sagen,
ihre Rinde glänzt nicht mehr.

Wer dem Laster hier gekrönet,
weihte ihm sein Herz und Sinn.
Ob auch dann mit Gott versöhnet,
ist die Pracht des Glanzes hin.

Aussiedler

Hier im schönen Land der Sonne,
über'm großen Ozean,
sammeln freudig, voller Wonne,
sich die Pilger wieder an.

Was man einst im Traum gesehen,
wird hier alles offenbar.
Doch auch dieses wird vergehen,
das ist doch gewiss und klar.

Wo von alters her die Berge
mächtig ragen hoch empor,
wo die schattengrünen Bäume
rauschen in dem Blättermeer,

wo kein Lärm noch Stadtgebrause,
kaum ein Vogel stört die Ruh -
hier ist Gottes Geist zu Hause,
Lob und Dank ihm immerzu.

Wie voll Wunder seine Schöpfung,
sanft erquicket unsre Seel,
besser als die schönste Stiftung,
die vom Lichterglanz scheint hell.

Danke für die stillen Stunden,
die das Leben spärlich beut,
wo die Seele kann gesunden
und von Herzen sich erfreut.

Herrlich so mit Gott vereinet,
aller Kummer weicht zurück.
Keine Seele hier nicht weinet,
welch ein segensreiches Glück.

Doch noch sind wir Erdenpilger
und der Alltag holt uns ein.
Als getreue Landesbürger,
haltet Herz und Seele rein.

Danken

Singet dem Herrn

Ein Lobgesang in aller Frühe,
wie du so tröstend uns erhebst.
Was sind des Tages Angst und Mühe,
wenn stündlich du mein Tun umschwebst.

Aus voller Kehl' die Vöglein singen
und fragen nicht, wer sie gelauscht.
Durch Feld und Wald die Jubel klingen,
dort, wo das klare Bächlein rauscht.

Im hellen Licht der Sonnenstrahlen,
oft auch im Winter, wenn es schneit,
hört man ihr' Freudenruf erschallen.
Sie danken Gott zu jeder Zeit.

Wie anders ist es mit uns Menschen.
Wie oft das Danklied doch erstirbt,
wenn nicht erfüllt wird unser Wünschen,
Gott unsre Pläne hat verwirrt.

Was auch im Leben uns kann treffen,
Gram, Not, Gefahr und Herzeleid.
Nur fester seine Hand ergreifen,
zum Lob und Dank sei stets bereit.

Kein Zufall ist's, wenn schöne Lieder
in Not und Leidenszeit entstehn.
Stimmt an die Leier immer wieder,
dass wir gerecht vor Gott bestehn.

Lasst uns von Gottes Güte singen
so lang sich unser Herz noch regt,
dass unsre Lieder laut erklingen
dem, dessen Liebe uns hier trägt.

Für alles danken

Jeden Tag für alles danken
dem, der Licht und Leben schenkt.
Willig ihm das Herze geben,
der auch unsre Wege lenkt.

> Wenn die dunkeln Nebel wallen
> und die Sonne scheint nicht mehr -
> denk, es ist sein Wohlgefallen,
> danke freudig auch dafür.

Unerforschlich ist sein Walten,
unbegreiflich, wie er führt.
Wer an seiner Hand wird halten,
seine Wohltaten verspürt.

> Geht's auch über Berg und Steinen,
> trifft auch Unwetter zumal,
> wisse: Gott, er kennt die Seinen,
> bringt sie durch in jedem Fall.

Darum danke Gott für alles,
wenn auch mal das Auge weint,
wenn entbehren musst gar vieles,
was auf Erden lieb dir scheint.

> Fange an den Tag mit Danken,
> willst du immer fröhlich sein,
> dass du nicht gerätst ins Wanken,
> bleib beim Herrn und er bleibt dein.

Jesu Gnade füllt den Mangel,
macht uns reich im Überfluss.
Was verheißen allenthalben,
wirkt zum ewigen Genuss.

> Darum fange an zu danken,
> wenn der neue Tag anbricht.
> Jesus wird die Schritte lenken,
> bis das Tageslicht entweicht.

Eine Krankenschwester

Ein Mann schon viele Jahre krank,
das Bett nicht kann verlassen.
Die Frau, den Blick zu Gott gewandt,
konnt' in Geduld sich fassen.

Doch auch die Frau sich legte hin,
sie kann es nicht mehr schaffen.
Ins Haus kam eine Pflegerin,
sie musst' sie walten lassen.

Die wirkte in besond'rer Art,
sehr liebevoll, besonnen.
Doch auch die Krankenschwester ward
ins Krankenhaus gekommen.

Darüber waren sehr betrübt
die beiden alten Leute.
Sie hatten sie so sehr geliebt,
weil sie vor nichts sich scheute.

Im Krankenhaus hat man gesagt:
„Wir können sie nicht retten."
Und an ihr Bett sie treten sacht,
den Herrn um Trost zu bitten.

Doch diese Schwester, voller Freud,
spricht mutig, ganz erhaben:
„Ich bin zur Ewigkeit bereit,
kann mich an sein Wort laben.

Ich danke Gott - ich bin erlöst,
er hat mich auserkoren.
Durchs heilge Wort werd ich getrost,
ich bin von Neu' geboren.

Ich hab's in euerm Haus gelernt,
im Glauben fest vertrauen,
wie man in allergrößter Not
auf seine Hilf kann bauen.

Das Zeugnis eurer Lebensbahn
hat mir zu Gott geführet.
Heut dank ich euch, so gut ich kann…",
spricht sie hier ganz gerühret.

Wie glücklich waren diese Zwei,
die solches durften hören.
Von Herzen dankten Gott aufs Neu:
„Dir woll'n wir preisen, ehren!"

Alles hat seine Zeit

Die Träume wie die Jugend – schwinden,
die Spuren deckt das grüne Gras.
Oft die Gedanken uns noch finden,
schon die Erinnerung wird blass.

Zeit gibt's zum Lachen, Zeit zum Weinen,
die Alten sterben bald dahin.
Ins Leben Kinder neu erscheinen,
das ist des Erdenlebens Sinn.

Es schmilzt der Schnee, die Bäume blühen,
die Jahre schwinden brausend hin.
Nur eines ewig wird bestehen,
der Himmel bleibt uns zum Gewinn.

In des Kampfes Stunden

In Stunden des Kampfes zu Zeiten,
sich mehren die schlaflosen Nächt'.
Die Zweifel nur Sorgen bereiten,
die Seele wird dadurch geschwächt.

Versuchungen oftmals noch stören
den Frieden, die Ruhe der Seel'.
Wenn Bosheit, Verspottung sich mehren,
der Feind treibt sein bitteres Spiel.

Man flieht in vergangene Zeiten,
sucht irrend in Dunkelheit Ruh.
Statt betend die Seel zu bereiten,
strebt man nur dem Untergang zu.

Noch beten die Heil'gen auf Knien,
erheben zu Gott ihre Hand.
O Vater, erhör unser Flehen,
Versuchung und Not von uns wend'.

Du bist unser Retter und Feste,
auf dich woll'n wir trauen fortan.
Den Weg, den du führst, ist der beste,
hast selber geebnet die Bahn.

Die Wolken bald ziehen vorüber,
der Himmel hell strahlt wunderbar.
Ins Herze die Freude kehrt wieder,
vorbei ist Not, Trübsal, Gefahr.

Vergib uns, o Vater, die Fehler,
lass Gnade uns werden zuteil.
Dein Lob täglich steigen soll höher,
du bist unser Trost, unser Heil.

Tränen

Warum nur der Himmel weinet
bittre Tränen wie ein Kind?
Auch die Sonne nicht mehr scheinet,
Trauerlieder singt der Wind.

Eintönig der Regen rauschet,
dass ein Trübsinn schleicht ins Herz.
Alles schweiget still und lauschet,
ja, fürwahr, es ist kein Scherz.

Dass die Ernte kann gelingen,
muss die Erde werden weich.
Wenn die Regenström' durchdringen,
wird das Korn an Kräften reich.

Darum heut der Himmel weinet,
seine Tränen nicht verschont.
Und der Bauer, wie's mir scheinet,
weiß, dass es der Müh' sich lohnt.

Wenn auch wir, so wie der Himmel,
weinten bittre Tränen mehr,
dann wär wahrlich manches Übel
leichter zu ertragen hier.

Dass das Herze werde weicher,
könnte lieben und verzeihn.
Unsern Heiland werden gleicher,
seine Führung recht verstehn.

Reiche Garben könnten bringen
unserm Schöpfer vor dem Thron.
Dankerfüllt von Herzen singen
für die Liebe in dem Sohn.

Für uns

Nie sah die Welt solch Marterqualen,
wie Jesus dort am Kreuz erlitt.
Er hat die Sündenschuld getragen
der Menschheit, die in Ketten lag.

Aus Liebe kam er auf die Erde,
konnt nicht ansehn den Untergang,
damit erlöst die Menschheit werde,
nahm willig er den bittern Trank.

Mit Geißeln wurde er geschlagen,
die Dornenkron sein Haupt hier ziert.
Musst' selber auch sein Kreuz noch tragen,
als er zur Schlachtbank wurd' geführt.

Zum Sieg hier wurden diese Leiden
über die Sünd und Satans Macht.
Mit Ehren hat den Thron bestiegen,
der Welt hat Fried und Heil gebracht.

Auch wir der Erdenlust absagen,
das Geistesschwert führt uns zum Sieg.
Bereit, für Jesum Schmach zu tragen,
als Kämpfer in den heilgen Krieg.

Der Glaube hilft zu überwinden,
sein Wort erleuchtet unsre Bahn.
Die Welt und Eitelkeit muss schwinden,
wir ziehen freudig himmelan.

Und ob auch mancher Stein verwundet
noch unser Fuß im Lebenslauf.
In Jesu Blut wir Heilung finden,
er stärkt und richtet wieder auf.

Im Licht der ewgen Himmelsfreuden,
begeisternd bringen Gott die Ehr.
Nach all der Erdennot und Leiden,
Dank und Anbetung ihm dafür!

Das schönste Lied

Wer kann die wahre Kunst ergründen,
die Lyra in den süßen Klang?
Wer kann den Geist der Wahrheit finden
zu Gottes Ehr im Lobgesang?

Die schöpferische Freud verborgen
ist tief in manches Menschenherz.
Beschwert, erdrückt von vielen Sorgen,
kann sich nicht schwingen himmelwärts.

Die Lehr der Weisen kann bezeugen,
wie das Gesetz die Welt regiert.
Die Lyra kann das Herz bewegen,
dass es den Schöpfer lobt und ehrt.

Was in den Herzen tief verborgen,
der Dichter froh zum Ausdruck bringt.
Ganz unbetrübt und ohne Sorgen
ein Reim zu Gottes Ehr erklingt.

Ein frohes Lied, vom Chor gesungen,
bringt Trost und Mut und frohen Sinn.
Es scheucht hinweg die trüben Stunden
und lobet Gott mit froher Stimm.

Entfaltet frisch die reine Lehre
von Gottes großer Lieb und Treu.
Bringt ihm Lob, Dank, Preis, Ruhm und Ehre
mit jedem Liede stets aufs neu.

Bald wird der Heiland selbst erscheinen,
in seiner Macht und Herrlichkeit.
Dann werden singen all die Seinen
den Lobgesang in Ewigkeit.

Wie wird das durch die Himmel schallen,
wenn alles jubelt, jauchst und singt!
Wie aus ein' Mund der heilgen Scharen
dem Höchsten Dank, Anbetung bringt.

Ein Astronaut

Um ins Weltenall zu fliegen,
werden Menschen auserwählt.
Dass sie niemals unterliegen,
wenn auch Angst und Not sie quält.

Werden gründlich ausgebildet
und getestet wiederholt.
Dass es nicht an Weisheit fehlet,
wenn manch Schreck sie eingeholt.

James Irwin schreibt Geschichte,
wie zum Mond geflogen ist.
Als von fern die Erd erblickte,
sah er wahrlich Gotteslicht.

Tief in einem Schwarz versunken,
schwimmt die Erde wunderbar.
Sterne gleich wie kleine Funken,
zeigen Gottes Allmacht klar.

Hier trat ein die große Wende,
„ich verspürte, wie Gott nah."
Kindlich faltete die Hände:
„Großer Schöpfer, du bist da!

Danke, Gott, für deine Mühe,
du führst mich auf rechtem Weg.
Für die Liebe, für die Treue,
die das Herze so erregt.

Wunderbar sind deine Werke,
die durchs Wort du hast vollbracht.
Hier erkenn ich deine Stärke,
unbegreiflich deine Macht!"

Wenig' sind zum Mond geflogen,
doch durch Gottes Lieb und Treu
können alle zu ihm kommen,
seine Gnad ist täglich neu.

Es lohnt sich nachzudenken

Das Flugzeug stürzt ganz hoffnungslos
aus undenkbarer Höhe.
Besiegelt ist der Menschen Los,
sie fallen in dem Meere.

Doch eh das Wasser sie erreicht,
ist's dem Pilot gelungen,
er hat das Flugzeug ausgegleicht,
so war der Sieg errungen.

Ein Mann hat später dann erzählt:
„Wir konnten nur noch beten…"
Sie hatten schon den Tod erwählt,
wer dachte noch an retten?

Die Zeitung schrieb dann von ein' Glück,
das ihn das Schicksal beute.
Es war ein großes Meisterstück,
das der Pilot hier zeigte.

Geschrien haben alle schon
um Gottes Hilf' und Gnade.
Was hat man ihm gebracht als Lohn,
der sie bewahrt vor Schaden?

Hat Gott nicht seine Wundertat
auch hier ganz frei bewiesen?
Man hat den Flieger anerkannt,
gedankt, geehrt, gepriesen.

Galt ihm der Dank denn wohl allein?
Das wäre wirklich schade.
Man sollte hier doch ehrlich sein
und preisen Gottes Gnade.

Gottes Führung

Das Licht der Welt

Ein großes Licht kam in die Welt,
um andere anzuzünden,
damit der Weg wurde erhellt,
dass viele ihn hier finden.

Der Herr setzt seine Jünger ein,
der Welt den Weg zu zeigen:
„Ihr sollt das Licht der Wahrheit sein,
ich werd zum Himmel steigen."

Von selbst kann nie ein Licht entstehn,
es muss entzündet werden.
So muss das Feuer weiter gehn,
erfüll'n jed' Haus auf Erden.

Wo dieses Licht im Hause brennt,
ist Ruhe, selger Friede.
Ein jeder, der hier Aufnahm' find't,
empfängt die wahre Liebe.

Bist du auch schon ein wahres Licht?
Für andre eine Leuchte?
Wie viele kennen es noch nicht
und irren durch die Nächte.

Ein Dunkel hat die Erd umhüllt,
das sind des Satans Mächte.
So wirke, dass es neu erglüht,
manch Sünderherz erleuchte.

Dein Licht lass leuchten immer fort,
wo arme Sünder schmachten.
Dass bald es sehe aller Ort,
hier sind am Werk die Christen.

Des Lebens Herbstzeit

Herrlich ist im Herbst das Leben,
wenn im Herzen blüht der Mai.
Alles, was du mir gegeben,
macht die Seele froh und frei.

Wie ein Sturmwind hingezogen,
meine schöne Jugendzeit.
Graue Nebelwolken wogen,
bringen manches Herzeleid.

Ja, der Spiegel kann nicht lügen,
Falten decken das Gesicht.
Nichts kann deine Aussicht trügen,
schwach wird auch das Augenlicht.

Ohne Murren zu begegnen,
diese herbstlich trübe Tag',
dann wird Gott dich reichlich segnen,
mit Geduld dein Leiden trag'.

Wie viel Jahre ich werd leben,
weiß der liebe Gott allein.
Dieses sei mein ganzes Streben,
wenn er ruft, bereit zu sein.

Möchte gerne Früchte bringen
meinem Heiland Jesus Christ,
der für mich sich hat gegeben,
weil er mein Erlöser ist.

Allen, die dich nicht gefunden,
schenk das wahre Seelenheil,
dass sie könnten recht gesunden,
in dir finden ihren Teil.

Das verbotene Weihnachtsfest

Fünfundvierzig war's, Dezember,
Frost und Schnee regiert' im Wald.
Kriegsgefangene verhungert
mussten leiden oft Gewalt.

Als am Abend dann gegessen
ihre Suppe, die nicht fett,
musste Heinrich Ordnung schaffen,
noch bevor er ging ins Bett.

Als er mit der Arbeit fertig,
merkt er, dass im Speisesaal
haben sich versammelt hurtig
so bei hundertfünfzig Mann.

Heinrich fragt, was dies bedeutet:
„Scharen ist doch nicht erlaubt?" -
„Weihnacht haben wir doch heute,
Heilger Abend dem, der glaubt!"

Schon hat einer sich erhoben
und verkündet laut das Wort:
„Ein Geschenk, es kommt von oben,
bringt den Frieden allerort."

Plötzlich wurde unterbrochen
und die Leitung tritt herein.
Schon laut fing er an zu sprechen;
„Gar kein Meeting darf hier sein."

Kurz der Prediger hier stockte,
doch dann sprach er weiter fort,
dass der ganze Saal erstaunte,
bracht in Russisch er das Wort.

Wieder herrschte eine Stille,
auch die Russen hörten zu,
wie nach Gottes heilgem Wille
Jesus bringt die wahre Ruh.

Plötzlich sackte er zusammen,
seine Kräfte waren aus.
Schnell die Wachsoldaten nahmen,
trugen ihn zur Tür hinaus.

„Alle schnell den Raum verlassen!"
laut der Kommandant befahl.
Doch sie standen ganz gelassen,
keiner rührt sich von der Stell.

Plötzlich mit geschulter Stimme
laut erscholl ein Weihnachtslied.
Ja, er sang mit Herz und Seele,
bis er dann zuletzt verschied.

Auch die Leitung zog's nun wieder,
hin zurück in diesen Raum.
Dann befahl er: „Neue Lieder!"
und man sang zu Gottes Ehr.

Als das letzte Lied gesungen,
ging der Kommandant hinaus.
Lange noch ist's nachgeklungen,
jeder dacht' an sein Zuhaus'.

So gesegnet ging nun wieder
jeder hin an seinen Ort.
Doch die schönen Weihnachtslieder
klangen noch im Herzen fort.

Mit Jesum überwinden

Christi Reich besteht im Glauben,
aus dem Glauben kommt das Werk.
Will der Feind uns oft berauben,
zeigt er seine Macht und Stärk'.

Jesus hilft uns überwinden,
bis das Reich vollbracht wird sein.
Nur in ihm wir Frieden finden
trotz des Feindes Spott und Pein.

Und wenn wir auch manchmal fallen,
hilft der Herr uns liebend auf,
dass wir tapfer weiter wallen,
nur voran geht unser Lauf.

Ohne Fallen kann's nicht gehen,
liegt doch mancher Stein im Weg.
Mit ihm wieder auferstehen,
überwinden - das ist Sieg!

Dieser Trost ist nur gegeben,
wer in Schwachheit niederfällt.
Die mutwillens wiederstreben,
stehen hilflos in der Welt.

Darum halte fest am Glauben,
Jesus führt dich an der Hand.
Zieht die Blicke stets nach oben
zu dem selgen Vaterland.

Dann wirst du dort freudig rühmen
seine große Herrlichkeit,
wenn du einst mit allen Frommen
bist bei ihm in Ewigkeit.

Ein Fliederstrauch

Umgeben von halbhoher Mauer,
ein alter Garten wuchernd blüht.
Darauf gestellt in Kraft und Dauer,
ein Eisengitter rings umzieht.

Die Zeit und Rost auf es einwirken,
verbogen ist manch Zierdespitz,
Doch sitzt es fest, es hilft kein Rütteln,
ein Fliederbusch steht hier im Schutz.

Hoch ziehn zum Licht die schlanken Äste,
durchs Gitter guckt das Blättergrün.
Das Grün dringt durch, ob auch gar feste
die alten Mauern hier noch stehn.

Verlockend süß die duft'gen Blüten
verbreiten Wohlgeruch und Zier.
Dies Gleichnis könnte uns behüten
vor Eigensinn, Unzucht, Willkür.

Wie oft stand schon vor einer Mauer
ein „Hartnack", doch er kam nicht durch.
Manch Wunsch gescheitert auf die Dauer
und hinterließ tief eine Furch.

Doch gibt es Glück, gibt auch Erfüllen,
das Gottvertraun es möglich macht.
Wenn Hoffnungsstrahlen dich umhüllen,
mehr Liebe hat das Leid gebracht.

Durchs Gitter der Verzweiflung dringet,
hoch über Mauern schwingt's empor.
Mit Gott der Glaube es bezwinget,
des Satans Macht schenk nie Gehör.

Das große Heil Gottes

„Denn das Gesetz des Geistes, der da lebendig macht
in Christo Jesu, hat mich frei gemacht von dem
Gesetz der Sünde und des Todes." (Römer 8,2)

Menschen, die sich hier bekehrt,
müssen ihre Schuld erkennen,
wie die Bibel es uns lehrt,
sie vor Gott beim Namen nennen.

> Fühlen ihre Sündenschuld,
> dass sie völlig sind verloren
> und durch Gottes Gnad und Huld
> werden wieder neu geboren.

Wer vom Geist wird neu belebt,
rühmet Gottes große Liebe.
Gnade, die uns trägt und hebt,
schenkt auch Ruh und wahren Frieden.

> Weil die Sünde stets bedroht,
> ist Gefahr zu unterliegen.
> Und der Feind - der bittre Tod,
> sucht beständig hier zu siegen.

Von der Straf' der Sündenmacht
Rettung muss der Mensch erringen.
Jesus hat das Heil gebracht,
mit ihm kann es uns gelingen.

> Wer im Glauben es erfasst
> und die Tauf hat angenommen,
> ist befreit von Sündenlast
> hier zum Leben durchgerungen.

So wie Jesus auferstand,
wird ein Christ auch auferstehen,
Jesus führt uns an der Hand,
ewig werden wir ihn sehen.

Selbstlosigkeit

So spricht der Nachbar: „Ihr habt's gut,
der Friede ruht in eurem Haus.
Schier will mir sinken schon der Mut,
ich komm mit meiner Frau nicht aus.

>Mich scheiden lassen will ich nicht,
>doch alle Tage böser Streit?!"
>„Ich weiß, woran es euch gebricht.
>Bei uns steht selbst der Herr zur Seit'.

Die Frage ist bei uns gelöst,
der Herr im Haus allein regiert."
„Das ist für mich ein schlechter Trost,
weil meine Frau allein es führt.

>Du solltest hören meine Frau,
>wie sie im Eifer schielt und schreit.
>Ich bin mir sicher, ganz genau,
>dann wärst auch du zur Flucht bereit."

„Bei uns ist Jesus Christ der Herr.
Wie er es führt, so folgen wir."
Nun hatte er kein Wort nicht mehr,
dies machte seine Stimme wirr.

>Dann schließlich sagte er gereizt:
>„Bei euch scheint auch nicht nur die Sonn'!"
>„Ja, wenn mal einer wird erhitzt,
>dann schau'n wir hin auf Gottes Sohn."

Die Selbstsucht findet keinen Platz,
wo Gottes Lieb mit Ernst regiert.
Selbstlosigkeit, das ist der Schatz,
der in dem Haus das Handwerk führt.

>Schließ fester dies im Herzen ein,
>lass Jesus Christ der Führer sein;
>dann scheint der größte Streit nur klein
>und Friede ruht im Hause dein.

In dunkeln Stunden

Die Seele schmerzt, die Tränen fließen,
denk doch an jene Segenszeit,
wie Gott dich aus der Not gerissen,
wie oft war er zur Hilf bereit.

Gott lehrt das Leiden betend tragen,
doch ohne Kummer lernt man's nicht.
Wer duldig leidet ohne klagen,
wird murren nicht, wenn's ihm gebricht.

Nicht immer gern das Kreuz wir tragen,
doch Gottes Hand uns treulich führt,
dass wir doch niemals hier versagen,
still folgen, so wie sich's gebührt.

Erkannt Verlust und Schmerz erlitten,
wir wandern auf dem steilen Pfad.
Wer auf den leichten Weg will treten,
das falsche Ziel erwählet hat.

Oft geht's durch Sümpfe, dunkle Nächte,
dass schier das Herz verzagen will.
Getragen von des Himmels Mächten,
führt er uns wunderbar und still.

Dann schau'n wir hoffnungsvoll nach oben
und schwinden muss die Dunkelheit.
Mit Danken wir dem Schöpfer loben,
der uns zu helfen stets bereit.

Gott oder Götzen?

Die neue Zeit ist angebrochen,
nicht droht des Feuerofens Glut.
Von Gotteswort wird frei gesprochen,
doch liegt noch manche Seel' im Tod.

Der neue Geist, die neuen Triebe
erfüllen manches Herz und Sinn.
Man will nicht seh'n die heilge Liebe,
zum Bildschirm zieht es mächtig hin.

Das Geld, der Reichtum ziehn viel' Seelen
in ihre Netze schmeichelnd-süß.
Ein jeder darf heut freilich wählen,
doch wie verlockend solch Genuss.

Ganz andre Götzen zum Anbeten
zeigt heute uns der Fürst der Welt.
Sein Bildnis sehn wir vor uns treten,
wo immer es auch aufgestellt.

Wo sie im Herzen eingekehret,
da ist kein Raum für Jesus Christ,
da wird die Welt, die Kunst geehret,
die Herzensruh verloren ist.

Halt fest an deiner Mutterlehre,
am alten Evangelium.
Allein Gott in der Höh sei Ehre,
ihm, ihm allein gilt Preis und Ruhm.

Er hat sein Blut dafür gegeben,
damit wir sollen werden frei.
Wer ihm sein Herz wird übergeben,
da macht Gott alles wieder neu!

Lass dich genügen

Ein Stück geschnappt vom Fleischerwagen,
ein Hund in Eile läuft davon.
Um es zu sichern ohne Frage,
durchquert er einen Wasserstrom.

Da sieht er in dem Wasserspiegel
das Fleisch, das er im Munde trägt.
Er kannte nicht das böse Übel,
dass damit er sich selbst betrügt.

Und voll Begierde schnappte eilend,
da sank sein Fleisch tief in die Flut.
Im Augenblick es von ihm scheidet,
verloren war sein letztes Gut.

Vergebens schwimmt er durch die Fluten,
der Strom trug's fort ins weite Meer.
Wer gierig greift nach allem Gute,
am End' wird ausgehn bettelleer.

Genüge dich mit deinen Gaben,
die Gott dir zugeteilet hat.
Wer gerne alles möchte haben,
verliert Gewissen - wird nie satt.

Lass dich vom Scheine nicht betrügen,
nicht alles, was da glänzt, ist gut,
sonst kehrt in Schmerz sich dein Vergnügen,
der Kummer raubt dein Wohlgemut.

Die Gabe, die von Gott gegeben,
in Wahrheit und Gerechtigkeit
in alle Ewigkeit wird leben,
bei Gott in Gnad und Herrlichkeit!

Der rechte Führer

Ein Führer sprach mit seinen Leut',
wie man den Berg besteigen kann.
Und alle waren voller Freud,
sie trauten sich der Führung an.

Ein Einzelgänger saß von fern,
hört sich die Unterweisung an.
Früh, als erglänzt der Morgenstern,
schritt er den steilen Weg voran.

Im Gipfelbuch hat er vermerkt:
„Ohn' Führer, selber kenn die Bahn!"
Doch war die Gruppe sehr erschreckt,
als bald darauf die Nachricht kam:

„Zerschmettert in der Felsengruft…!"
Ein Fehltritt ist oft schnell getan.
Er hat den Aufstieg nicht geschafft,
weil ohne Führer ging voran.

Selbst David hatte sich erwählt
den besten Führer zum Geleit.
Nie hat es an Erfolg gefehlt,
er siegte stets in jedem Streit.

So wähl auch du, o Menschenkind,
ein' Führer auf der Lebensbahn,
dass in der Dunkelheit nicht blind
gehst auf den falschen Weg voran.

„Folge mir nach!", so ruft der Herr,
„ich will den Weg dir zeigen hier.
Dein Seelenheil ist nicht mehr fern,
vertrau dem Wort und folge mir!"

Eine tapfere Frau

Von einer Frau möcht ich erzählen,
sie nähte gern für andre Leut.
Und wo sich andre mühen, quälen,
ist sie zum Helfen schon bereit.

Wo man in Not, war sie zu haben,
auch hielt sie fest an dem Beschluss,
die Kinder lehrt sie beten, glauben,
auf Gott vertrau'n war ihr Genuss.

Aus ihrem Herz quoll reicher Segen,
sie strahlte Lieb und Wärme aus.
Manch Wanderer auf rauen Wegen,
fand Aufnahm' auch in ihrem Haus.

In ihrer Gegenwart verschwanden
sehr bald die Bitterkeit, der Hass.
Mit Gottes Wort hat sie verstanden
zu schlichten jeden Schulderlass.

Als Mutter liebevoll und tapfer,
so wurd von allen sie geliebt.
Sie weihte selber sich zum Opfer,
hat Keuschheit, Langmut stets geübt.

Solch Menschen sollt man ewig ehren,
als Beispiel stell'n für andre Leut.
Ihr Wirken tugendlich vermehren,
als Vorbild für die andern heut.

Lasst fester uns die Reihen schließen,
von Gottes Wort hier zeugen gern.
Den Frieden schon auf Erd' genießen
und einst auf ewig bei dem Herr!

Gott macht nie Fehler!

Was sind die kurzen Erdenjahre?
Ein Rauch, der schnell verweht!
Nur Gottes Lieb, die wunderbare
in Ewigkeit besteht.

Und diese Lieb, die ewig treue,
ist, was uns aufrecht hält.
Heb' deinen Blick stets nur aufs Neue,
er bringt uns durch die Welt.

Ob schwer und dunkel auch das Leben,
sein Ratschluss ist gerecht.
Das Herz will oft sich widerstreben,
was uns will scheinen schlecht.

Weil wir die Zukunft nicht verstehen,
seh'n nur die Gegenwart,
wir fragen: Musste es geschehen?
Uns scheint der Schlag sehr hart.

Doch Gottes Liebe will uns ziehen
zu sich ans Vaterherz,
damit das Böse wir entfliehen,
schickt er oft Leid und Schmerz.

Das Kreuz, das er uns zugemessen,
ist was uns selig macht.
Dies lasst uns nimmer nicht vergessen,
dass Gott nie Fehler macht.

Wenn einst vor Gottes Thron wir stehen,
dann wird es offenbar,
dann werden wir es wahrlich sehen,
dass es zum Heil uns war.

Unsere Jugend

Am Scheidewege steht die Jugend,
wer zeigt den Weg ihr hin zum Heil?
Wo kann entfalten sie die Tugend?
Der rechte Weg ist schmal und steil.

Mit Blumen duftend reich umgeben,
der linke Weg hier lockt und mahnt;
dorthin richt't mancher froh sein Streben,
noch ist das Ende unbekannt.

Die großen Häuser mit den Sälen,
da gibt's Musik und Tanz und Spiel.
Ein jeder darf hier frei sich wählen,
um zu vergnügen, gibt's sehr viel.

In Nebel ist das End gehüllet,
wo führen diese Wege hin.
Manch junges Herz ist noch erfüllet
mit Kühnheit, Wag'mut, frohem Sinn.

Wer führt sie auf den rechten Pfade,
den Weg, den Jesus selbst gebahnt?
Wer weist sie hin auf Gottes Gnade,
die Lieb, die ewig hat bestand?

Kommt, liebe Kinder, lasst euch warnen,
wir sind nur Gäste dieser Zeit.
Noch ruft der Heiland voll Erbarmen:
O kommt doch heut, macht euch bereit!

Du wirst es niemals nicht bereuen,
wenn frühe schon den Herrn erkannt.
Gott schenkt sein' Segen den Getreuen
und führt sie ins gelobte Land.

Wahre Christen

Lasst nimmer uns vergessen,
die hungernd draußen stehn;
von Freunden ganz verlassen,
durch Schmerz und Leiden gehn.

> Gib, dass wir nie vergessen,
> die uns zur Seite stehn;
> ins Herze aufzufassen,
> durchs Leben mit uns gehn.

Die auf der Lebensreise
verschied'ne Wege gehn;
sie liebend unterweisen
und so der Sünd zu fliehn.

> Wir sind doch deine Kinder,
> in deinen Augen gleich.
> Du liebst und rufst: „Kommt wieder!"
> Dein ist das Himmelreich.

Auf Golgatha geflossen
für uns dein heilges Blut.
Wer kann dies Heil erfassen?
Du starbst für uns zu gut.

> Du gabst uns die Erkenntnis,
> dies große Wunderwerk,
> dich frei beim Namen nennen,
> die Bibel - unsre Stärk.

Dass diese reine Schönheit
wir schätzen in der Welt.
Du hast in deiner Weisheit
uns alle gleich gestellt.

> Dein Reichtum schenkst aus Gnaden,
> was immer wir gesucht.
> Leit' uns auf rechten Pfaden,
> bis deine Stimm' uns ruft!

Vertrauen

Trau auf Gott in dunklen Nächten,
fasse Mut und zweifle nicht.
Lob den Schöpfer, den Gerechten,
seine Liebe weichet nicht.

Jesus hilft zu überwinden,
nimmt die schwere Last dir ab.
Not und Traurigkeiten schwinden,
wenn du ihn als Führer hast.

Er schenkt Kraft zur Pilgerreise,
manchen Pilger muntert auf.
Führt auf wunderbare Weise
ihn den steilen Berg hinauf.

Er hat uns den Weg geebnet,
als er auf die Erde kam.
So alsdann sein Werk vollendet,
zeigte uns die Lebensbahn.

Hat befreit uns von den Sünden,
von der Nacht zum Licht geführt,
dass wir könnten Frieden finden,
der von keiner Macht gestört.

Wer dem Herrn kann ganz vertrauen,
wo das Herz vom Geist erfüllt,
wird die Herrlichkeit einst schauen
und sein Sehnen ist gestillt.

Zur Abendstunde

Danke, Herr, dass es so schön
in des Lebens Abendstunden.
Deine Herrlichkeit dürft' seh'n
und noch durfte ganz gesunden.

Viele Wege hinter mir
liegen schon in weiter Ferne.
Oftmals stürmte wild das Meer,
auf dem Wege manche Dorne.

Nimmer will ich mehr zurück,
heute bin ich froh, zufrieden.
Glück und Freud, auch Missgeschick,
alles ist zurück geblieben.

Was im Leben ich erreicht,
ist durch Gottes Gnad geschehen.
Und wo sich der Abend neigt,
kann ich seine Wunder sehen.

Durch die Stürme dieser Zeit
hat mich Gottes Lieb getragen.
Wenn auch oftmals nicht bereit
für sein Werk das Leben wagen.

Danke, Herr, dass deine Stimm'
immer besser ich verstehe
und mit neuem Mut beginn
deinen Namen zu erhöhen.

Sende deinen Sonnenstrahl
noch in dieser Abendstunde.
Führe mich durchs Todestal
nach vollbrachtem Lebensende.

Danke, Herr!

Ich danke, Herr, du warst mit mir,
als ich so oft gefehlet.
Den Weg, den ich soll gehen hier,
mir selber hab erwählet.

Du führtest mich ins dunkle Tal,
auch oft auf lichten Höhen.
Bewahrtest mich vor manchem Fall,
konnt' deine Allmacht sehen.

Seitdem ich deine Hand erfasst,
warst du mein Schutz, mein Retter.
Hilfst tragen meine Sorgenlast,
bei Sturm und bösem Wetter.

So kann getrost ich wandern still,
trotz Wind und Sturmgebrause.
Ich weiß, du bringst mich hin zum Ziel,
ins ob're Vaterhause.

Und sollt ich auch noch manche Stund'
auf Erden hier verweilen,
das heilge Wort aus deinem Mund
wird mir dein' Rat mitteilen.

So zieh ich sicher und getrost,
den schmalen Pilgerpfade.
Der Herr die Seinen nie verlässt,
der Feind kann uns nicht schaden.

Bis einst der Ruf aus Engelmund
erschallt durch alle Weiten,
dann schlägt für uns die frohe Stund,
erkauft, erlöst von allen Leiden.

Der Fels

In dem großen Völkermeere
gibt es nimmer eine Ruh.
Mächtig treiben Wellenheere
uns dem großen Felsen zu.

Manches Jahr schon schleift es brausend
an dem Fels, das eigne „Ich".
Ob auch Sturmeswinde tosen,
schleift er liebend sicherlich.

Auf und ab die Wellen treiben,
hin und her ganz ohne Ziel.
Jesus nur kann Ruhe geben
und er spricht zum Meer: „Schweig still!"

Auf sein Wort die Wellen stauen,
weil er doch der Schöpfer ist.
Wenn wir gläubig auf ihn schauen,
ist uns näher Jesus Christ.

Ob auch laut die Wogen brausen,
werden wir doch feste stehn.
Führt uns doch zum Vaterhause
dieser Weg, den er ersehn.

Lasst dem Herren treulich walten,
er führt sicher uns zum Ziel.
Wenn wir seine Hand festhalten
und treu folgen, wie er will.

Dann erglänzt ein heller Morgen
und wir jubeln voller Freud.
Ewig sind wir dann geborgen,
nimmer schreckt mehr Tod noch Leid.

Glücklich in Christus

Du sprichst, dass du das Glück gefunden,
das Leben quillt im Überfluss.
Du weinst auch nicht in trüben Stunden,
auf festem Felsen steht dein Fuß.

    Du kannst Gott wahrlich nicht gebrauchen,
    regierest selber deinen Lauf.
    Den Durstenden kannst Wasser reichen,
    hebst nie den Dolch auf andre auf.

Du gibst nicht Schlangen anstatt Fische,
auch keinen Stein, wer bittet Brot.
Wer darbet, ladest gern zu Tische,
Gott als ein Helfer, - ist nicht Not.

    Solch Bild ist eine schwache Stütze,
    ein Trugbild an dem Horizont.
    Es schimmert in der Sonnenhitze,
    verschwindet, eh sich zeigt der Mond.

Schnell hat der Wind verweht die Schatten,
das Türkisblau wird schwarz zur Nacht.
Der Körper müd bis zum Ermatten
und keine Ruh hat es gebracht.

    Ein andres Glück ist bei dem Heiland,
    es hat kein Trug noch falschen Schein.
    Wer in der Näh' des Herren weilet,
    kennt keine Tränen, Angst noch Pein.

Das Glück so hell vom Licht erleuchtet,
verbreitet süßen Rosenduft.
Wer Gott erkannt, wird nicht gerichtet,
ist stets bereit, wenn Jesus ruft.

    Mit ihm im Bund wir wollen ziehen,
    mit ihm fällt uns das beste Los.
    Kein Wind, kein Sturm kann mehr bedrohen,
    er führt uns heim ins Vaterhaus.

Mein Herr und mein Heiland

Ich danke, Herr, was du gegeben,
nicht trau're um vergang'ne Zeit.
Ich freue mich, dass du zugegen,
zu teilen mit mir Freud und Leid.

Mit deiner Wahrheit füllst mein Leben,
hast Glauben in mein Herz gelegt.
Das sei doch all mein ganzes Streben,
zu fliehn der Sünd, die mich bewegt.

Will auf des Lebens Pilgerpfaden
erheben, loben deine Macht.
Du hast getilget meinen Schaden,
dein Leben selbst dafür gebracht.

Was auch auf Erden mir beschieden,
du leitest mich nach deinem Rat.
Drum sing ich froh und bin zufrieden,
auch wenn sich Unwetter mal naht.

Und wenn zu Zeiten ich ermatte,
so schenkst du wieder neue Kraft,
dass ich erhob'nen Hauptes schreite
durch Schwierigkeiten, Ungemach.

Ein Hoffnungsstrahl den Weg erleuchtet
und meine Seel' frohlockt und singt.
Dein Ebenbild, so wie's mir deuchtet,
mein Innerstes mit Lieb durchdringt.

Ich rühm und preise deine Gnade,
du heilest meinen Seelenschmerz.
Du leitest mich auf rechtem Pfade,
richt'st meine Blicke himmelwärts.

Nur Jesus

Wenn den Himmel Wolken decken,
um dir alles tobt und stürmt,
seine Hand sich schützend strecket
über dir und dich beschirmt.

Wenn des Nächsten Worte stechen,
hart bedrohen mit Gewalt,
hörst du eine Stimme sprechen,
trau sein' Wort - ein sich'rer Halt.

Wenn Gleichgültigkeit und Trauer
lastet auf dem Herzen schwer,
deine Wege deckt ein Schauer
und ein Zweifel quält dich sehr.

Wenn dich nicht mehr kann verstehen,
den du innig einst geliebt,
bring es im Gebet mit Flehen,
Jesus weiß, was dich betrübt.

Er verscheucht die dunklen Zweifel,
senkt ein' Sonnenstrahl ins Herz
und du wirst es bald begreifen:
Jesus stillt alljeden Schmerz.

Weg der Trauer, Not und Tränen,
alles, was die Seele quält.
Bald wird still des Herzens Sehnen,
wenn du ihm als Herrn erwählst.

Führt dich durch des Sarons Auen
zu dem Lebenshafen hin,
darfst die schönsten Rosen schauen,
Blumenduft füllt Herz und Sinn.

Im Sturm der Zeiten

Durch der Wellen wildes Treiben
eilt ein Schiff dem Hafen zu.
Nach viel Kummer, Not und Leiden
sehnt sich's nach der wahren Ruh.

Manch ein Sturm hat es getroffen
auf dem großen Völkermeer,
wurde hin und her geworfen,
Last und Sorgen drückten schwer.

Dann, nach finstrer Nacht und Dunkel,
stieg empor der Morgenstern.
All die Seelenangst und Mängel
schwanden haltlos in die Fern.

Jesus Christus ist geboren,
unser heller Morgenstern.
Kam zu suchen, was verloren,
wollt' uns retten, ach, so gern.

Als in Reu' und Buß' auf Knien
wir gerungen manche Nacht,
konnte Fried ins Herz einziehen,
Jesus hat das Heil gebracht.

Heute singen wir in Chören,
loben, preisen unsern Gott.
Nichts soll unsre Herzen stören,
nicht erschreckt der bitt're Tod.

Eine Krone wird hell zieren,
die im Blut gewaschen rein.
Jesus wird das Schifflein führen,
siegreich in den Hafen ein.

Gebt Licht!

Es dämmert schon, die Nacht bricht ein,
gebt Licht, gebt Licht!
Lass leuchten meiner Lampe Schein,
dass nichts gebricht.

> Im Anzug ist der Bräutigam
> und finster wird's.
> Den wahren Weg ich sehe kaum,
> doch weiche nicht.

Ich habe Öl, mein Vorrat reicht,
mein Licht scheint hell.
Es flimmert nicht, mein Schritt ist leicht,
ich eile schnell.

> Mit Sehnsucht blick ich in die Fern -
> der Bräutigam!
> Ich möchte ihm begegnen gern,
> O Gottes Lamm!

Von Ferne tönt Posaunenschall,
der Herr kommt bald!
Im Herzen klingt ein Wiederhall,
ich werde alt.

> Ein Schlaf drückt meine Augen zu.
> O Herr, gib Kraft,
> dass sich mein Geist nicht gibt zur Ruh,
> eh es vollbracht.

Bald ist vorbei die finstre Nacht,
gebt Licht, gebt Licht.
Der Heiland kommt in großer Pracht,
drum zaget nicht.

> O hebet eure Häupter auf
> und blickt empor.
> Sehr bald ertönt des Heilands Ruf:
> Stimmt ein im Chor!

Zu Jesu Begräbnis

„Da nahmen sie den Leichnam Jesu und banden ihn in leinene Tücher mit den Spezereien, wie die Juden pflegen zu begraben. Es war aber an der Stätte, da er gekreuzigt ward, ein Garten und im Garten ein neues Grab, in welches niemand je gelegt war. Dahin legten sie Jesum um des Rüsttages willen der Juden, dieweil das Grab nahe war."

(Joh. 19,40-42)

Ja, Joseph hat schon lange
geheim den Herrn geliebt,
doch wurd ihm oftmals bange,
so lang sich nicht entschied.

Nun hat er sich entschlossen,
frei vor Pilatus trat.
Er könnt es nicht mehr lassen,
um Jesu Leichnam bat.

Pilatus sich beratet:
„Ist er gestorben schon?"
Dann wurde er bestattet,
der wahre Gottes Sohn.

Aloe und auch Myrrhe
brachten sie schon herbei.
In Ruhe und in Stille,
ganz ohne Furcht und Scheu.

Auch waren hier die Frauen
mit Eifer schon dabei,
sie wirkten mit Vertrauen,
wie's zum Gebrauch hier sei.

In Tücher ihn dann legten,
auch Spezerei dazu.
So wie die Juden pflegten,
wurd' er gebracht zur Ruh.

Da nahe war ein Garten,
darin ein neues Grab.
Dann wollten sie abwarten,
den Schluss vom Feiertag.

Ein Stein wurde gelagert
vor dieses Grabes Tür.
Versiegelt und verwahret
mit Wächter für und für.

Doch siegreich ist erstanden
der Heiland Jesus Christ!
Nicht hielten Todesbanden,
die Welt erlöset ist.

Er hat für uns gelitten,
nun sind auch wir befreit.
Wer reuevoll wird bitten,
erlangt die Seligkeit.

Ein Zwischenfall

„Und es begab sich, da er solches redete, erhob ein
Weib im Volk die Stimme und sprach zu ihm: Selig
ist der Leib, der dich getragen hat, und die Brüste,
die du gesogen hast. Er aber sprach: Ja, selig sind,
die das Wort Gottes hören und bewahren."

(Lukas 11,27.28)

Mit Begeisterung, voll Leben
spricht der Heiland hier sein Wort.
Eine Frau, die lauscht daneben,
voll Entzücken ruft sofort:

„Sel'ger Leib, der dich getragen,
Brust, die du gesogen hast."
Da hob Jesus an zu sagen:
„Selig, wenn du es bewahrst.

Selig, wer das Wort vernommen
und im Herzen aufbewahrt.
Nur zum Seelenfrieden kommet,
der im Glauben traulich harrt."

Lass das Licht in dir hell leuchten,
meide jede Finsternis.
Lehr dein' Bruder auch desgleichen,
dann ist dir das Heil gewiss.

Gnade muss es sein

Einst hat der Vater mir erzählt
aus seiner fernen Kindheit.
Zum Wohnort hatten sie erwählt
die Eb'ne hoch im Bergland.

  Es war in einer Winternacht...
  Verschneit sind Weg und Stege.
  Der Sturmwind tobt und braust mit Macht,
  dass sich kein Leben rege.

Da plötzlich klopft ein Wand'rer an,
er hat den Weg verloren.
Als er erkannt vor ihm den Mann,
war er wie neu geboren.

  Ich wohne ja nicht weit von hier,
  jetzt werd mein Haus ich finden.
  Dann klopft es wieder an der Tür:
  Ich irre wie ein Blinder.

Nun trat er willig schon herein,
um etwas auszuruhen
und warten bis zum Morgenschein,
dann werd er weiter gehen.

  Hier zeigt uns die Begebenheit,
  das Ende kaum zu denken.
  Schon mancher auch bei Lebenszeit
  sein Schicksal selbst wollt' lenken.

Hat Gottes Botschaft nicht beacht't,
wollt selbst das Ziel erreichen,
war nicht auf Gottes Gnad bedacht,
das heißt, den Blinden gleichen.

  Durch Gottes Gnade nur allein,
  im Glauben und Vertrauen,
  kann Jesus unser Führer sein,
  dann wirst du Wunder schauen.

Vergib!

Das Schrecklichste, was wir erleben,
in dieser Zeit des Antichrist',
wo alles will nach Freiheit streben,
doch wird's geführt von Satans List.

Was uns zum Heil hier ward gegeben,
in Blut ertränkt, verwüstet ist.
Das heilige Gebot der Liebe,
die ewge Wahrheit - Jesus Christ.

Erbarmungslos den Held ermordet,
geführt von einer bösen Hand.
Die Schreckenstaten nicht bereuet,
als Sieger schreitet über Land.

Das heil'ge Wort ist längst vergessen,
wozu lebt man denn in der Welt?
Wer kann den wahren Sinn erfassen?
Die Bibel wird zur Seit' gestellt.

Von Neuem wird ans Kreuz geschlagen
der reine, heilge Jesus Christ,
der uns mit Lieb, Geduld getragen,
der selbst das Licht, die Wahrheit ist.

Vergib, o Herr, vergib uns Armen
die Torheit voller Eitelkeit.
O komm zu uns mit dein' Erbarmen
in dieser ruchlos bösen Zeit.

Dass wir es doch mit Recht erkennen,
des Widersachers Freveltat.
Das Böse frei beim Namen nennen
und folgen deinem weisen Rat!

Er sorgt für uns

„Alle Sorge werfet auf ihn, denn er sorgt für euch." (1. Pet. 5,7)

Wenn wir denen helfen wollen,
die verlassen in der Still',
müssen wir verstehen lernen
ihre inneren Gefühl'.

    Schwer ist es den Weg zu finden,
    wenn der Himmel wolkenschwer,
    Wenn die Hoffnungsstrahlen schwinden
    und kein Sternlein funkelt mehr.

Fühlen, dass du bist verlassen,
von den lieben Freunden fern.
Lerne dieses zu erfassen,
wenn oft schwindet, was dir gern.

    Denke, Gott will dich recht ziehen,
    stärken deinen Glaubensmut.
    So auch lernen zu entfliehen
    allem Bösen, das nicht gut.

Schaue ab von deinen Sorgen,
steh den Nächsten hilfreich bei.
Mit Gebet begrüß den Morgen,
Gott zur Ehr dein Tagwerk weih.

    Mache andre Freud im Leben,
    trage bei zu andern Glück,
    denn die Freude, die wir geben,
    kehrt ins eigne Herz zurück.

Dann bringt dir der Tag auch Segen,
so mit Eil die Zeit vergeht.
Wandle stets auf rechten Wegen,
nimm den Heiland zum Geleit.

Lehr mich sterben

Herr, du zeigtest mir das Leben,
wunderschön ist doch die Welt.
Vieles hast du mir gegeben,
manch Geheimnis mir enthüllt.

Heiland, lehre mich auch sterben,
wenn die Kräfte abwärts gehn.
Lehre mich das Heil erwerben
und im Glauben feste stehn.

Deine Liebe recht erkennen,
mutig in die Zukunft schau'n.
Wenn mein Lebenslauf wird enden,
nur auf deine Worte trau'n.

Schenke mir ein reines Herze,
einen neuen frohen Geist.
Geht es auch durch Leid und Schmerzen,
so wie es dein Wort verheißt.

Bitte nicht um langes Leben,
du hast meine Tag' gezählt.
Alles, was mir hier gegeben,
hast du selber auserwählt.

Lass mich nimmer nicht erschrecken,
sterben müssen alle doch.
Wenn mich kühle Erd' wird decken,
nimm dann meine Seele auf.

In dem letzten Augenblicke,
wirst du mir zur Seite stehn.
Meine Augen selbst zudrücken,
wenn ich werd zur Ruh eingehn.

Ein zerschlagenes Herz

Rufe mich, mein Herr und Heiland,
hier auf Erden wird's so eng.
Schon der Abend nahet eilend,
immer noch im Erdgedräng'.

> Rufe mich zu jener Ferne.
> Trage mich auf deiner Hand
> hoch hin über alle Sterne,
> wo ich Ruh und Frieden find.

Oftmals kommt der Geist in Ängsten
und das Herz will brechen schier.
Gottes Langmut ist am längsten,
trägt er doch Geduld mit mir.

> Wo ein Herz zerbricht und scheitert,
> da tritt Gott schon auf den Plan.
> Als ein liebender Begleiter
> führt die Seele himmelan.

Auf des Herzens Trümmer bauet
er sein Heiligtum zur Zeit.
Wer sich ihm hier anvertrauet,
ist zu helfen er bereit.

> Seine Kraft zu offenbaren,
> wo ein Herz am Boden liegt,
> das hat mancher schon erfahren,
> nur durch Gott kommt wahrer Sieg.

Von dem Herrn gebraucht zu werden,
ist das größte Heiligtum.
So kannst du schon hier auf Erden
leben zu des Höchsten Ruhm.

> Freudig kannst du dann auch sagen:
> Jesus Christus lebt in mir.
> Er - mein Schutz zu allen Tagen,
> meines Herzens größte Zier.

Das wahre Glück

Als Sängerin sehr hoch erhoben,
Dalida schwamm in Ruhm und Ehr,
doch in dem Herzen brausten Wogen,
die Seele war verkümmert leer.

Schon früh, mit vierundfünfzig Jahren,
beendet sie die Lebensbahn.
Sie schreibt: „Ich habe es erfahren,
dass Ruhm und Geld nur leerer Wahn."

Dies zeigt, dass äußerliche Freuden
wie alles andre auch vergehn.
Wenn dann die Trübsal kommt mit Leiden,
allein der Mensch kann nicht bestehn.

Die Worte aus dem Buch der Sprüche
uns zeigen deutlich darauf hin.
Das Herze schnell zerfällt in Brüche,
wenn es nicht find't den wahren Sinn.

Das äuß're Glück kann wenig bringen,
wenn es die Gotteslieb nicht find't.
Es wird das Tagwerk nie gelingen,
ein leeres Haschen nur nach Wind.

Wer Christus kennt als sein' Erretter,
der hat auch täglich Freud daran.
Der wandert seine Straße heiter,
kommt auch im Leben schnell voran.

Der weiß, er wird von Gott geliebet,
sein Lebensglück er bei ihm fand.
Nichts ist mehr, was sein Herze trübet,
Gott hält ihn sicher bei der Hand.

Große Probleme

Ein Angestellter wurd' gesand,
im andern Land zu prüfen,
ob sich ein Schuhgeschäft auch lohnt,
um gut sie zu verkaufen.

Doch überraschend er erschrak,
das ließ ihm keine Ruhe -
Die Menschen gehn den ganzen Tag
hier barfuß, ohne Schuhe.

Ein Zweiter wurde ausgeschickt -
Fürwahr, dies ist zum Freuen,
die Menschen wären höchst beglückt,
hier kann das Werk gedeihen.

Zwei Meinungen verschied'ner Art.
Wie ist das zu verstehen?
Der eine voller Hoffnung harrt,
der andre kann nichts sehen.

Als Mose Kundschafter aussandt',
den Weg ins Land zu finden,
hat Kaleb sich ans Volk gewandt:
„Mit Gott wir's überwinden!"

Die andern Kundschafter gesandt,
vom Land Bericht zu geben,
erschreckt empor hoben die Hand:
„Da bleibt kein Mensch am Leben!"

Ja, diese sah'n den Reichtum auch,
ein Land, wo Milch und Honig,
doch waren da die Riesen doch
mit einem starken König.

Ihr Standpunkt war wohl tadellos,
doch kam Gott nicht in Rechnung.
Das machte ihren Unmut groß:
„Wir werden nichts erreichen!"

Wenn du auf Schwierigkeiten schaust,
der Mut dir will versagen,
nur wer im Glauben Gott vertraut,
kann mutig alles wagen.

Ein freies Bekenntnis

Mit Schwung das Buch fiel auf die Deck',
verwundert schauten alle auf.
Die Bibel! Fast war's wie ein Schreck.
Wer macht denn davon noch Gebrauch?

Es war der erste Tag im Dienst
und keiner kannte diesen Mann.
Was ist denn das für ein Gespenst?
Schaut euch mal diesen Jungen an!

Nun hieß es frei hier zu gesteh'n:
„Ich glaube an das heil'ge Wort."
Damit es alle konnten sehn,
bekannt' er sich als Christ sofort.

Nicht leicht war es, dies zu gestehn,
doch war die Weiche nun gestellt.
Was weiter werde hier geschehn,
das legte er in Gottes Hand.

Schon lange betete er: „Herr,
dich zu bekennen, gib mir Kraft!"
Die Menschenfurcht ihn schreckte sehr,
doch nun hat er es frei geschafft.

Solch' Stunden gibt's im Leben oft,
dann wird dem Herzen schwer und bang.
Wer dann bei Jesum sucht die Kraft,
die Prüfung überstehen kann.

Drum, Brüder, Schwestern, zaget nie,
Gott ist zu jeder Zeit bereit.
Er hört die Bitte spät und früh,
wer ihm sein Herze ganz geweiht.

Wenn in dunklen Stunden...

Als Fritz und Lenchen gingen schlafen,
die Dunkelheit erschreckte sie.
„Komm", sagte Lenchen, „wollen laufen,
ins Wohnzimmer zum Vater fliehn."

Das war ein großes Unternehmen,
sie mussten durch ein' düstern Gang.
Entschlossen sich dann doch zu gehen,
Fritz schleichte sich der Wand entlang.

Nun hieß es tapfer vorwärts dringen,
denn schwarz und finster war die Nacht.
Hier sah er die Gespenster springen,
vor Schreck der Mut ihm fast versagt.

Sein Herze klopft vor Angst und Zittern,
bis endlich sie die Tür erreicht.
Und beide Hände strecken bittend,
zu weinen waren schon geneigt.

Vor Kälte kaum er rührt die Zunge,
so standen beide auf dem Flur.
„Was willst du denn, mein lieber Junge?"
„Ich wollte, Vater, nur zu dir!"

Der Vater nahm sie auf die Knie,
umarmt' und herzte liebend sie.
Nun konnten beide es verstehen:
Die Vaterlieb' versagt doch nie!

Gott schenke uns auch solch Vertrauen.
Zu dir nur, Vater, wollen wir.
Lass uns vor Feindeslist nicht grauen
und öffne selbst die Himmelstür.

Dass betend und bewusst wir hassen
die Dunkelheit der bösen Welt.
Im Glauben deine Hand erfassen,
die uns beschützt, bewahrt und hält.

Vorwärts

Wenn kommen schwere Zeiten,
wo alles wankt und bricht,
wird Gottes Hand mich leiten,
er wankt und zweifelt nicht.

Auf ihn will ich vertrauen
in meiner schweren Zeit.
Es kann mich nicht gereuen,
er wendet alles Leid.

Er schenkt die Ruh, den Frieden,
wenn Trübsal bricht herein.
Mich trägt die treue Liebe,
so bin ich nie allein.

Sein Wort hat Kraft und Stärke,
ein Licht in dunkler Nacht.
Gott kennet meine Werke,
ich weiß, sein Auge wacht.

Nicht kann der Feind mir stören,
mein Werk wird wohl gedeih'n.
Wenn Gott es selbst wird führen,
vergebens andre schrei'n.

So will ich vorwärts eilen,
der Herr ist selbst mit mir.
Nicht länger mehr verweilen,
hoch tragen sein Panier.

Ihn loben, danken, preisen
in meiner Nichtigkeit.
Zu meiner Pilgerreise
gibt Gott selbst das Geleit.

Ein Schutzengel

„Mutter, Mutter", ruft das Mädchen
in der stillen finstern Nacht,
„Engel stehn an meinem Bettchen,
davon bin ich aufgewacht."

    „Schau, sie rufen und mir winken,
    darf ich mit den'n spielen gehn?"
    Mutters Händ' sich zu ihr strecken:
    „Schlafe nur, ich kann nichts seh'n."

Eine Weile war es stille,
doch dann ruft es wieder laut:
„Hör, es ist der Engel Wille,
ruft er mir doch ganz vertraut."

    „Komm ins Bett zu mir geschwinde!",
    sagt die Mutter zu dem Kind.
    dass sie endlich Ruhe finde:
    „Deine Träume machen blind."

Kaum will sie ins Bett sich strecken,
kracht es und der Ofen fällt.
Ziegelschutt ihr Bettchen decken,
alles ist in Staub gehüllt.

    Mutter spricht: „Nun kann ich's sehen,
    warnend stand ein Engel da.
    Danke Gott, ich kann's verstehen!
    Ja, hier war der Tod ganz nah."

Wunderbar kann Gott es führen,
was wir oft selbst nicht verstehn.
Lässt den Geist das Herz berühren,
wenn Gefahren uns bedrohn.

    Wer im Glauben und Vertrauen
    stets an Gottes Wort sich hält,
    der wird seine Wunder schauen,
    nicht ein Haar vom Haupte fällt.

Sieg!

Trau're nicht, wenn schon im Scheiden
diese schöne Sommerzeit.
Selbst bei Winternächten, Leiden,
bist du nicht in Einsamkeit.

> Gottes Diener uns begleiten,
> Glaube, Hoffnung, Lieblichkeit.
> Auch in Trübsal Freud bereiten,
> stärken uns zu jeder Zeit.

Wenn der Abend lang will scheinen,
öd und einsam unser Heim,
betend dann mit Gott vereinet,
lässt er nimmer uns allein.

> Er ist bei uns alle Tage,
> wie in Freuden, so in Leid.
> Hört des Herzens stille Klage,
> ist zum Helfen stets bereit.

Traue ihm zu allen Stunden,
dass kein Zweifel sich einschlcicht.
So wirst wahre Ruh du finden,
schnell der Böse von dir weicht.

> Über dir ist Gottes Segen
> und du trägst den Sieg davon.
> Wenn's auch geht auf harten Wegen,
> denk: Hier ging einst Gottessohn.

Er hat uns das Heil erworben,
uns schreckt keine Kreatur.
Richte stets den Blick nach oben,
folge treu des Heilands Spur.

> So wirst einst du triumphierend
> stimmen in der Engel Chor
> und mit einer Krone zierend,
> eingehn durch das goldne Tor.

Vier Gesichter

Du siehst dein Ebenbild im Spiegel,
erkennst den allbekannten Blick.
Im kalten Glas zu deinem Übel
bleibt nur ein Schattenbild zurück.

Vierfältig wir dein Antlitz sehen,
hast du es selber schon gewusst?
Das Eine zeigst du oft im Freien,
das Zweite, wenn zu Haus' du bist.

Wenn du allein bist, kommt das Dritte,
das Vierte kennst du selber nicht.
Wenn du vor Gott bringst deine Bitte,
dann zeigst du dich im andern Licht.

In vier Gesichtern nur ein Name,
in vier Gesichtern schlägt ein Herz.
O mögest du doch heut anfangen,
schau'n Jesu Angesicht im Schmerz.

Ob Leid, ob Freud, ob Traurigkeiten -
nie war ein Falsch in seinem Blick.
Mit andern Masken nie bekleidet,
ein Strahl der Wahrheit blieb zurück.

Das göttliche Gesicht sah'n alle,
ob's prächtig schön war oder nicht,
auch anerkannten es sehr viele,
es strahlte aus ein göttlich' Licht.

Ein heilges Antlitz und wie herrlich,
ob auf der Reis', ob Gast im Haus.
Die Augenblicke lächeln zierlich,
strahl'n himmlische Gestalten aus.

Mag auch in dir der Wunsch erwachen,
zu schau'n das göttliche Gesicht,
dass auch in deinen Lebensjahren,
stets sei dein Blick auf Gott gericht't.

Dein Antlitz sei ein Bild der Wahrheit,
im steten Umgang sei geübt.
Beständig zeige reine Klarheit,
die Jesu Herz niemals betrübt.

* * *

Wenn im Schmerze wir schwer leiden,
Seel und Leib wie Feuer brennt
und im Leben keine Freuden,
man den Weg zum Heiland find't.

Heiland, hab mit mir Erbarmen,
rette mich aus dieser Not.
Schließ mich ein in deine Arme,
dass nicht schreckt der Sünde Tod.

Jesus hört der Seele Schreie,
liebend streckt die Hände aus.
Kann uns von der Sünd befreien,
führt uns heim ins Vaterhaus.

Jeder kann dies Heil genießen,
doch nicht alle nehmen 's an.
Wer mit Dank zu seinen Füßen
kniet hier, genesen kann.

Dein Weg

Wie mannigfaltig sind die Wege
hier durch dies dunkle Erdental.
Drum wähle recht und sei nicht träge,
der falsche Weg führt schnell zum Fall.

Der Weg, von Gott uns vorgeschrieben,
führt oft durch Leiden, finstre Nacht.
Gib Acht! Das, was zurück geblieben,
hat manchem Fried und Heil gebracht.

Die Zeiten schwinden wie dein Leben,
ein Hasten, suchen nach dem Glück.
Das Beste, was du hier kannst geben:
Lass eine gute Spur zurück.

Von bösen Lüsten zu bewahren,
sei stets dein Blick dem Herrn geweiht,
damit die Nachkommen erfahren
vom Samen, den wir ausgestreut.

Und wenn nach vielen, vielen Jahren
die Kinder singen unser Lied,
dann werden manche noch erfahren,
dass eine Spur zurücke blieb.

Dass unsre Garben, reich geschmücket,
mit Silber, Gold und Edelstein,
Herz und die Seele hoch beglücket,
wenn wir zum Himmel ziehen ein.

Dort werden schallen frohe Lieder,
begleitet von der Engelschar.
Und du wirst jauchzen immer wieder:
Gelobt sei Gott! Wie wunderbar!

Voran!

Wandle ohne Furcht und Grauen,
bald erglänzt das Morgenrot.
Auf den ewgen Himmelsauen,
schreckt uns nimmermehr der Tod.

Wenn auch noch von Nacht umgeben,
schau im Glauben freudig auf.
Jesus schenkt ein neues Leben,
ordnet deinen Lebenslauf.

Traue seiner weisen Führung,
so wirst du geborgen sein.
Halte fest, wie's sich gebühret,
ist der Weg auch hart und steil.

Gott führt dich durch Furcht und Grauen.
Nur voran und zweifle nicht!
Bald wirst du den Heiland schauen,
schon erglänzt das Morgenlicht.

Er streckt die durchbohrten Hände
zu dem größten Sünder aus.
Will dein Lebenslos hier wenden,
er führt sicher dich nach Haus.

Allen will er reichlich geben.
Seelen, die in großer Not,
bringt er Freiheit, ewges Leben,
schenkt der Seele Himmelsbrot.

Darum lasst uns ihm vertrauen,
er ist unser Schutz und Heil.
Wenn im Glauben wir aufschauen,
wird uns Gottes Gnad zuteil.

Davids Lobgesang

Nicht einfach ist das Erdenleben,
auch David spürte manche Qual.
Das hohe Amt, das ihm gegeben,
nicht schützte vor den Sündenfall.

    Er kam in Zweifel und Bedenken,
    auch Angst und Trauer manche Stund',
    doch wollt' die Blicke immer lenken
    zu dem, der ihm den Weg macht kund.

In einsam' und verlass'nen Tagen
nahm er die Harfe in die Hand.
Die Saiten zittern leis und klagen,
bei Lob und Dank die Sorge schwand.

    Begeisterung sein Herz entflammte,
    so stark und mächtig zu der Stund',
    dass selbst er sich nicht recht erkannte,
    manch weise Worte sprach sein Mund.

Der heilge Geist gab ihm die Worte,
die er in seinem Liede sang.
Bei manchem, der sein Loblied hörte,
es lang im Herzen wiederklang.

    Und dieser Geist, so stark und heilig,
    als Tröster seiner Seel' entquillt.
    Noch heute macht uns froh und selig
    manch Lied, das hier den Kummer stillt.

Es lehrt uns unsre Blicke lenken
auf das, was unvergänglich ist.
Der uns will ewges Leben schenken,
das ist der Heiland Jesus Christ.

    Auch heute singen wir und preisen,
    so wie es David einst getan.
    Obgleich noch auf der Pilgerreise,
    ein Lob dem Höchsten stimmen an.

Ihr seid berufen (Hebräer 9,5)

Freuet euch, ihr Gottes Kinder,
groß wird sein des Herren Lohn,
wenn ihr steht als Überwinder
einst vor seinem weißen Thron.

Welche Wonne, welche Freude,
welch ein Jubel hebt dann an,
dort zu sehen alle Freunde,
die gegangen schon voran.

Engelchöre werden singen,
die Erlösten stimmen ein,
dass durch alle Himmel dringen
ihre Stimmen hell und rein.

Dann wird Gott das Urteil sprechen:
„Kommt herbei zum Mahl des Herrn!
Aus dem Buch der Sünder streichen
eure Namen will ich gern.

Ihr habt treulich überwunden
in dem Kampf mit Feindes Macht.
Seid zum Leben durchgedrungen,
durch viel Leid und dunkle Nacht.

Nun werd't ihr mit Freud genießen,
was bereitet von dem Herrn.
Seht die Lebenswasser fließen,
trinkt zum Wohlgenuss sie gern.

Zu des Lammes Hochzeitsmahle,
tret't hinzu im weißen Kleid.
Zu des Vaters Wohlgefallen,
ist es hier für euch bereit!"

Zachäus (Lukas 19,1-10)

Zachäus war ein Zöllner-Oberst,
schnell von Begriff, ein kleiner Mann.
Erkannte schon, dass hier am sicherst',
zu steigen auf ein' Maulbeerbaum.

>Nun konnt' er deutlich Jesum sehen,
>wie er kommt näher zu der Stell'.
>Alsbald schon war der Ruf geschehen:
>„Zachäus, steige ab, komm schnell!

Ich muss in deinem Haus einkehren."
Mit Freuden nahm er Jesum auf.
Die Menschen murrten: „Welche Ehre,
zu einem Sünder geht ins Haus."

>Doch Jesus hat ihm offenbaret,
>sein Sündenleben, seine Schuld,
>hat ihm den rechten Weg gelehret
>mit großer Liebe und Geduld.

„Die Hälfte gebe ich den Armen",
so spricht Zachäus zu dem Herrn,
„wen ich betrogen, habt Erbarmen,
ich will's erstatten allen gern."

>„Ja, heut ist Heil hier wiederfahren",
>spricht Jesus Christ, „in diesem Haus.
>Dass alle dieses Heil bewahren,
>die täglich hier geh'n ein und aus."

Des Menschensohn ist heut gekommen
zu suchen, was verloren ist.
Wer diese Botschaft hat vernommen,
von Knechtschaft frei geworden ist.

>Ich bin die Wahrheit und das Leben,
>ich bin die offne Himmelstür.
>Wer glaubt an mich, dem wird gegeben
>die ewge Seligkeit schon hier.

Der Weg nach Emmaus (Luk 24,13-32)

Zwei Jünger auf dem Weg nach Emmaus,
sie sprachen von dem, was gescheh'n.
Da unerkannt erschien hier Jesus,
wollt auch mit ihnen weiter geh'n.

Er fragte: „Was sind das für Reden,
dass ich so traurig euch muss seh'n?"
„Bist du allein von den daneben,
der nicht vernahm, was hier gescheh'n?"

„Sagt an, was ist es, lasset hören."
Sie sprachen: „Ein Prophet hier schafft,
schon viele Menschen sich bekehren;
sein Wort ist mächtig, voller Kraft.

Er sollte lösen unsre Banden,
doch hat man ihm zum Tod verdammt.
Nun sagt man, er ist auferstanden,
weil man das leere Grab nur fand."

Und Jesus fing nun an zu reden:
„Jesaja hat schon prophezeih't:
Ein Kind, ein Sohn ist uns gegeben,
der von der Sünd die Welt befreit."

Er sprach von Mose und Propheten
und legte aus die ganze Schrift,
doch wussten sie es nicht zu deuten,
dass Jesus hier mit ihnen spricht.

Erst da am Tisch sich offenbarte,
die Wahrheit, die er hat gesagt.
Der Welt, die noch in Sünd beharrte,
hat Frieden er und Heil gebracht.

Bartimäus (Markus 10,46-52)

Ganz von Finsternis umhüllet,
Bartimäus sitzt am Weg.
Von Gesellschaft längst entstellet,
wartet er auf Gaben schlicht.

Plötzlich hört viel Menschen nahen
und er fragt: „Was soll gescheh'n?"
„Jesus wird vorüberkommen,
nicht mehr fern, ist schon zu seh'n."

Eilig wirft die Oberkleider,
läuft entgegen ihm geschwind
und laut rufet immer wieder:
„Davids Sohn, erbarm dich mein!"

Die voran gehen, hart bedrohen,
dass er schweigen soll fortan.
Doch er lässt sich nicht betören,
schreit so laut, wie er nur kann.

Jesus hat es schon vernommen
und man ruft ihn: „Eil geschwind!"
So ist er dann auch gekommen
zu dem Heiland, bloß und blind.

„Freund, was hast du für Beschwerden?"
spricht ihm Jesus freundlich an.
„Herr, dass sehend ich mag werden,
meine Augen aufgetan."

„Geh, dein Glaube hat geholfen."
Bald schon konnt' er alles seh'n.
Laut er preiset frei und offen
und bezeugt, was hier gescheh'n.

Maria Magdalena (Joh. 20,1-18)

In der frühen Morgenstunde
eilen Frauen hin zum Grab.
Auch Maria, die Gesunde,
wollte bringen ihre Gab.

Wollten seinen Leichnam salben.
„Doch wer wälzt den Stein uns ab?
Kamen wir doch seinethalben
diesen langen Weg zum Grab."

Doch, o Wunder, was sie sehen,
abgewälzt ist dieser Stein.
Neben ihn'n zwei Männer stehen,
weiß die Kleider, glänzend schön.

„Den ihr sucht, ist auferstanden.
Hier die Grabstätt, schauet her.
Geht, verkündet's auch den andern,
sehet hin: Sein Grab ist leer!"

Als Maria noch voll Tränen,
hört sie plötzlich Jesu Stimm'
und hinweg ist all ihr Sehnen,
aller Kummer ist dahin.

Jesus spricht: „Sag's meinen Brüdern,
nun will ich zum Vater geh'n.
Doch ich komme einmal wieder,
was verheißen, muss gescheh'n."

Dann werd ich euch zu mir nehmen
in der ewgen Herrlichkeit.
Dort wird enden alles Sehnen,
frei von Erdensorg' und Leid."

Pontius Pilatus

„Seht, welch ein Mensch! Für welche Sachen
habt ihr den Mann zu mir gebracht?
Was soll ich nun mit Jesum machen?
Er ist kein Mörder, wie gesagt."

Der Richter ließ sich Wasser bringen,
wusch sich die Hände vor dem Volk.
Er wollte gern die Menschen zwingen,
ihn freizugeben in der Tat.

Noch mehr die Masse sich empörte:
„Weg, weg mit ihm, ans Kreuz zum Tod!"
Und nun Pilat' ihr Schrei erhörte,
den Herrn zu geißeln schnell gebot.

Die Sünde wird ihm zugerechnet,
nicht hat das Wasser ihn befreit.
Er hat des Herrn Wort verachtet,
zum Todesurteil ihn geweiht.

Des Herrn Blick hat ihn getroffen,
Pilat' erkannte seine Schuld.
Sein Herz von Feigheit war ergriffen,
könnt ihn nicht dulden seine Huld?

Mein Freund, beherrsche deine Zunge,
lass nie die Unwahrheit gedeihn,
dass es dem Feinde nicht gelinge,
sich später über dich zu freun.

Ja, Jesus ist am Kreuz gestorben,
damit wir sollen selig sein.
Aus Lieb die Freiheit hat erworben,
wer ihn ins Herze schließet ein.

Den richtigen Weg wählen

Hier den rechten Weg zu wählen,
muss das Herz aufmerksam sein.
Ernstlich gilt's zu überlegen,
wo die Wahrheit, wo nur Schein.

> Sehr verlockend ist der breite
> und viel Menschen geh'n darauf.
> Froh und lustig kann man schreiten,
> nichts wird hindern deinen Lauf.

Tanzen, spielen alle Tage,
neue Moden gibt's auch frei.
Roter Wein ganz ohne Frage,
ist ja immer auch dabei.

> Wie wird solch ein Leben enden,
> wo führt dieser Weg uns hin.
> Ohne Zweifel ins Verderben,
> ewge Quall ist zum Gewinn.

Nebenan wir seh'n den schmalen,
Pilger zieh'n bescheiden hin.
Ihre Augen leuchtend strahlen,
weil sie schau'n auf den Gewinn.

> Ob der Weg auch schwer und dornig,
> ist das Ziel doch hell und klar.
> Was verheißen, das ist herrlich,
> was geschrieben, wird dann wahr.

Er führt uns zum ewgen Leben,
wenn wir wandeln in dem Herrn.
Gott hat uns den Sohn gegeben,
dass wir folgen treu und gern.

> In Gemeinschaft mit ihm ziehen,
> dann kehrt Fried und Freud ins Herz.
> Bosheit, Feindschaft müssen fliehen,
> dieser Weg führt himmelwärts.

Zur stillen Stunde

Wie feierlich solch stilles Schweigen,
wenn sich die Seel mit Gott vereint.
Die Engel schwingen sich im Reigen,
ganz leise nur das Auge weint.

Wie überschwenglich frohe Stunden.
Ein Frühlingsduft das Herz erfüllt.
Die Finsternis ist überwunden,
des Geistes Sehnsucht ist gestillt.

Die schönsten Himmelsharmonien,
frei von der Erde bitters Weh.
Wenn sie durch Herz und Seele ziehen,
wird alles wieder frisch und neu.

Wir sind nur Gäste hier auf Erden,
im Himmel ist das Vaterhaus.
Wo nach vollbrachtem Lauf wir v/erden
befreit, auf ewig ruhen aus.

Die Erde bebt, zerfällt in Trümmer,
der stärkste Bau hat kein Bestand.
Manch Herz vergeht in Angst und Jammer,
wenn nicht die Seel den Retter fand.

Blick auf zu jenen Hirnmelshöhen,
wo ewger Frühling lockt und winkt.
Wo freudig die Erlösten ziehen,
ihr Loblied durch den Himmel klingt.

Zu jener goldnen Stadt wir eilen,
um ewig bei dem Herrn zu sein.
Drum lasst uns länger nicht verweilen,
bald ziehen wir in Zion ein.

Ans Vaterherz

Sein Wort den Willen hat bewiesen
die Kreatur auf Erden schon.
Was neu erschien, ist eins gewesen,
die Ernte ist der Arbeit Lohn.

Ein Saatkorn, in die Erd' geworfen,
vom Sonnenstrahl erwärmt zur Zeit.
Zum neuen Leben wurd' berufen
und schon ist es zur Ernt' bereit.

Ein Aufstieg ist dem Herze eigen,
auf Adlers Flügeln schwingt empor.
Zu Heldentaten vorwärts dringen,
ins All, was nie gehört ein Ohr.

Doch was die Wissenschaft errungen,
wird einst vergeh'n in Asch und Staub.
Wenn die Posaune wird erklingen,
fällt es dem Feuer hier zum Raub.

Es eilt die Zeit hier unaufhaltsam,
fort zu der großen Ewigkeit.
Merk auf, o Seele, werde wachsam,
schon ist das Ende nicht mehr weit.

Bald wird der Heiland wiederkommen,
ihm zu begegnen sei bereit.
Wenn Er wird sammeln alle Frommen,
dann ist die große Erntezeit.

Dort, wo noch Dunkel, lass erleuchten
vom Kreuz ein'n hellen Liebesstrahl.
Die Hoffnung ruft zu neuen Kämpfen,
vereint in Liebe allzumal.

Die Wächter auf den Höhen schlafen,
die Erd erglüht im Morgenrot.
Kommt all' herbei, o lasst uns schaffen,
bald bricht herein die große Not.

Was wird der Tag uns morgen bringen,
sind wir zur Ewigkeit bereit?
Noch ruft die Liebe, lasst sie dringen
in eure Herzen allezeit.

Zum neuen Leben sind berufen
die Menschen alle, Groß und Klein.
Dass wir einst an des Thrones Stufen,
ihm danken, preisen im Verein.

Zum großen Tag

Es öffnet sich ein Tor der Liebe,
schau diese Schönheit der Natur.
Und so erfüllt aus freiem Triebe,
zeigt schon die Liebe ihre Spur.

 Im Glockenklang der süßen Töne
 erfüllt das Herz mit neuer Kraft.
 Man sieht die Schöpfung, diese schöne,
 dies hat der liebe Gott geschafft.

Den schweren Vorhang leise lüften,
ein klarer Sonnenstrahl eindringt.
Voll Lieb ans Vaterherz wir flüchten,
wo ewge Ruh und Frieden winkt.

 Befreit von allen Erdensorgen,
 seh'n wir die große Herrlichkeit.
 Laut danken schon am frühen Morgen
 dem, der uns liebet allezeit.

Nach Schiffbruch

Nach einem Schiffbruch hat ein Mann
auf eine Insel sich gerettet.
Mit Müh und Sorgen fing er an
ein Hüttlein bau'n, wo er sich bettet.

Ganz innig bat er Gott um Gnad,
aus dieser Lage zu befreien.
Sehnsüchtig schaut er jeden Tag,
ob nicht ein Schiff er könnt erspähen."

Als einmal er auch ging hinaus,
um Essbares sich zu ergattern,
sah plötzlich, wie aus seinem Haus,
zur Höh die Feuerflammen klettern.

Was er mit Müh gebracht zuhauf,
aus Wasserfluten noch gewonnen,
ging nun in Feuerflammen auf,
auch dieses Glück war schnell zerronnen.

Gott führt sein Werk doch wunderbar,
wer kann ergründen seine Taten.
Trotz Unglück, Sorgen und Gefahr,
sollt es zur Freiheit ihm geraten.

Alsbald ein Schiff kam schon in Sicht,
sie sah'n den Rauch zur Höhe dringen.
Schnell wurd' das Schiff aufs Ziel gericht't,
so konnten sie hier Hilfe bringen.

Aus Unglück macht Gott selbst Gebrauch,
was uns oft schwer scheint zu erfassen.
Er macht zum Segen auch den Rauch,
wenn wir getrost ihn walten lassen.

Herrlicher Verkehr

„Unser Wandel aber ist im Himmel, von dannen
wir auch warten des Heilands Jesu Christi, des
HERRN, welcher unsern nichtigen Leib verklären
wird, dass er ähnlich werde seinem verklärten
Leibe nach der Wirkung, mit der er kann auch alle
Dinge sich untertänig machen."
(Phil. 3,20-21)

Nichts ist schöner in der Welt
als mit Jesum im Verkehr,
wenn die Seele Frieden hält,
bringt dem Heiland Preis und Ehr.

Wenn die Herzenstür steht auf,
strebt nach Heiligtum allein.
Mit der Zeiten flücht'gen Lauf,
Jesus soll der Führer sein.

Einkehr hält der Böse nie,
weil der heilge Geist hier wohnt.
Jesus Christus spät und früh,
als Regent im Herzen thront.

Froher Engelchor-Gesang,
bringt der Seele Fried und Ruh.
Für den Höchsten Lob und Dank,
ewge Seligkeit dazu.

Hier empfängt der Geist die Kraft,
heilge Wahrheit aus der Höh.
Frei erkennt, der alles schafft,
wenn das Menschenherz wird neu.

Öffnet bald des Geistes Äug,
zeigt, wer für die Sünder starb.
Wurd' am Kreuz erhöht zur Schau,
uns dadurch das Heil erwarb.

Jesus ging frei aus dem Grab
und besiegte Höll und Tod.
Ewges Leben er uns gab
und vertritt uns heut vor Gott.

Nütze das Heute

Schön war diese Abendstunde,
still und spiegelglatt der See,
als vereinet diese Jungen
stiegen in ein Boot zu zwei'.

Angeln brachte gute Beute,
manch ein'n Fisch sie zogen hoch.
So beschlossen diese Leute,
ja, für heute ist's genug.

Alles, was wir heut gefangen,
lassen wir ins Wasser hier.
Wenn wir in der Früh anfangen
morgen, gibt es dann vielmehr.

Als der Morgen war gekommen,
gingen sie ganz wohlgemut.
Glaubten, viele Fisch' zu fangen,
auch das Wetter war sehr gut.

Doch vergeblich war ihr Mühen,
sowas ist doch unerhört.
Nicht ein Fischlein konnten ziehen,
ja, der Frohsinn war gestört.

Schiebt es niemals auf bis Morgen,
wenn sich beut Gelegenheit.
Wisset: Gott trägt eure Sorgen,
darum nützt die Gnadenzeit.

Alles ändert sich auf Erden
und die Gnadenzeit ist hin.
Lasst das Sorgen, die Beschwerden,
suche heute dein' Gewinn!

Kreuz und Krone

Ein braver Streiter zog in'n Krieg,
sein Oberst ihn begleitet.
Wenn du kommst wieder heim mit Sieg,
ein Kreuz dir ist bereitet.

Alsbald mit Frieden kommen schon
die Sieger aus dem Streite.
Ein Kreuz für jeden wird als Lohn
zur Ehr vor allen Leuten.

Doch jener Mann ward überseh'n,
was ihn fürwahr nicht freute.
Wie ihn der Oberst dann geseh'n,
er schmerzlich es bereute.

Nimmt schnell das Kreuz von seiner Brust
und schenkt es ihm mit Ehren.
Vor allen Leuten, ganz bewusst,
lässt ihn den Preis gewähren.

Ein andres Kreuz ist uns beschert,
für Jesum gilt's zu wagen.
Wer in dem Kampf sich treu bewehrt,
der kann mit Paulus sagen:

Den guten Kampf hab ich gekämpft,
hab Glauben auch gehalten.
Der Feind hat nicht den Mut gedämpft,
der Geist darf frei nun walten.

Die Krone der Gerechtigkeit,
wird selbst der Richter geben.
Wenn er einst kommt in Herrlichkeit,
uns ruft zum neuen Leben.

Jugendträume

Auf den grünen schönen Fluren,
wo der liebe Sonnenstrahl,
hinterlässt hier seine Spuren,
wenn der Wind streift durch das Tal.

Lasst uns laufen immer wieder
in den schönen, grünen Wald,
wo die Vöglein singen Lieder
und das Echo wiederhalt.

An dem Teich uns wiederfinden,
wo das Ebenbild so klar
spiegelt sich, doch bald verschwindet,
wenn der Traum wird offenbar.

Schön war es doch in der Jugend,
so zu träumen, wunderbar.
Doch sie schwand und mit der Tugend,
wurd die Wahrheit hell und klar.

In des Tages Lebenskämpfen,
zog manch Sturmwind übers Land.
Mancher hat uns hart getroffen,
dann gilt's, mutig halten stand.

Wer in seinen Jugendjahren
sich dem Herrn hat anvertraut,
hat die Liebe recht erfahren
und auf festem Fels gebaut.

Ob gleich Wetterstürme toben,
ist er doch getrost und still.
Schaut vertrauensvoll nach oben,
leise spricht: „So, wie Gott will!"

Durch Gottes Führung

Ein Blockhaus stand am Waldesrand,
mit Fleiß dort wirkten Siedler.
Der Mann sich schon zur Ruh befand
und auch die lieben Kinder.

Die Frau wollt' noch zum nächsten Tag
manch Vorbereitung schaffen.
Auch muss sie holen noch vom Schlag
das Holz zum Feuer machen.

Dann, wie sie eilt, kommt aus dem Wald
ein Jaguar gesprungen.
Sie läuft zurück, schreit, dass es schallt,
kaum ist es noch gelungen.

Und wie die Tür ins Schlosse knallt,
der Mann vom Schlaf erschreckte.
Mit Wucht der Jaguar aufprallt,
die Frau hier niedersackte.

Aus seiner Kammer kommt der Mann,
sieht seine Frau am Boden.
Durchs Fenster sieht den Jaguar,
hat schnell die Buchs' erhoben.

Das Tier ist tot, das ist gesagt,
doch wollt' die Angst nicht schwinden.
Der Frau Gewissen war erwacht,
sie konnt' nicht Ruhe finden.

Sie wusste, dass sie nicht bereit,
schwer drückten sie die Sünden.
Sinkt auf die Knie, zum Retter schreit
und konnte Frieden finden.

So wurde sie dahin geführt,
doch einmal still zu stehen.
Sie hatte wohl das Wort gehört,
doch ließ es stets so gehen.

Wir werden ihn sehen wie er ist

„Der kam zu Jesus bei der Nacht und sprach zu
ihm: Meister, wir wissen, dass du bist ein Lehrer
von Gott gekommen; denn niemand kann die
Zeichen tun, die du tust, es sei denn Gott mit
ihm."

(Joh. 3,2)

Was ist unser Halt im Leben,
unsre Hoffnung in der Welt?
Wer hat Odem uns gegeben,
uns ernähret und erhält?

Unser innigstes Verlangen,
ihn einst schauen, wie er ist.
Der den Weg voran gegangen,
unser Heiland Jesus Christ.

Das gibt Lebenswert und Stärke,
unsre Reise lohnt der Müh.
Wenn wir nach vollbrachtem Werke,
siegreich einzieh'n spät und früh.

Diese Sicherheit wir finden
dort am Kreuz auf Golgatha.
Er nahm auf sich unsre Sünden,
trug die Schmach für uns allda.

Heut' sitzt er zur Rechten Gottes,
bürgt für unsre Sündenschuld.
Lässt geschehen uns viel gutes,
liebend trägt uns mit Geduld.

Alles hat er uns gegeben,
Jesus Christus nur allein
unser Ziel und unser Streben, -
dies soll unsre Losung sein.

Ja, wir werden überwinden,
Er ist unser Schirm und Schild.
Wenn wir ziehen frei von Sünden
Hin, wo unsre Lieben sind.

Christi Streiter

Die beste Zeit im ganzen Leben,
das ist die schöne Jugendzeit.
So sorgt, dass euer Tun und Streben
sei einzig Jesu Christ geweiht.

Wer frühe schon den Herrn gefunden,
ihm willig schenket Herz und Seel,
der wird bewahrt vor manchen Sünden
und hat erwählt den besten Teil.

So ist nun einmal unser Leben,
wir steh'n im Kampfgewühl der Zeit.
Zu nehmen, wie's von Gott gegeben,
stets ringen nach der Seligkeit.

Fest in der Hand die Harfe halten,
zu singen Gott, dem Herrn der Welt.
Obgleich auch wunderbar sein Walten,
führt er es doch, wie's ihm gefällt.

Im Geist seh'n wir die Heimat droben,
dort auf den himmelsgrünen Au'n.
Nach Müh und Arbeit ihn zu loben,
die große Herrlichkeit dann schau'n.

Ein' neuen Himmel und auch Erde
wird Jesus schaffen zu der Zeit.
Sobald er spricht sein Wort „Es werde!",
steh'n sie zu seinem Dienst bereit.

Der Erde Jammer wird er wenden,
denn sein ist Ruhm, Gewalt und Macht.
Er wird sein Freudenreich vollenden,
so wie die Bibel es uns sagt.

Voran!

Liebe Seele, lass das Weinen,
freue deines Lebens dich.
Bald wird schon die Sonne scheinen,
Jesus lebt, o zweifle nicht!

Schenk ihm völlig dein Vertrauen,
bete, wenn der Tag anbricht.
So kehrt ein ins Herze Frieden,
in der Seele wird es licht.

In der Welt die Stürme toben,
mächtig braust das Völkermeer.
Richte deinen Blick nach oben,
Gott, der Herr, ist stets mit dir.

Harre aus, schon nicht mehr lange,
bald wird enden deine Bahn.
Wo der Herr tritt auf den Plane,
da fängt neues Leben an.

Darum lass das Weinen, Klagen,
freu dich deines Lebens hier.
Jesus hilft die Lasten tragen,
er ist mit dir für und für.

Er lenkt deines Lebens Schritte,
hat den Weg für dich bereit.
Wo der Herr ist in der Mitte,
da muss enden alles Leid.

Frisch voran, durch Nacht und Dunkel
schon das Morgenrot erglüht.
Wenn erlischt das Sterngefunkel,
froh ein neuer Tag erblüht.

Lass dich retten

Jesus hat den Fluch getragen
für die sündbeladne Welt.
Menschenkinder, lasst euch's sagen:
Jesus ist der wahre Held.

Für die Sünder gab sein Leben,
litt den schweren Kreuzestod.
Allen ist das Heil gegeben,
allen gilt dies Angebot.

Wenn er wieder wird erscheinen,
ist die Gnadenzeit vorbei.
Jauchzen werden all die Seinen
und man hört der Spötter Schrei.

Niemand wird ihn dann verhöhnen
und ihm speih'n ins Angesicht.
Wer sich heut nicht will versöhnen,
nicht entfliehet dem Gericht.

Vor dem weißen Thron erscheinen
müssen alle, Groß und Klein.
Wie beglückt sind dann die Seinen,
welch ein Jauchzen, Singen, Freu'n!

Doch wer hier nicht neu geboren,
wird sein Urteil hören schwer.
Nun auf ewig ist verloren,
keine Rettung ist dann mehr.

Komm zu Jesus! Lass dich retten,
eh die Gnadenzeit vorbei.
Lege ab der Sünden Ketten,
Jesus macht von Sünden frei!

Was gibt uns die Bibel?

Wenn dich die Lasten schier erdrücken,
such eilend nach dem Bibelbuch.
Der Schätze Weisheit kann beglücken,
da find'st du Rat und Kraft genug.

>Komm, trink aus dieser Lebensquelle,
>sie löscht den Durst ganz wunderbar.
>Es quillt unhaltsam rein und helle,
>so mild und sanft kristallenklar.

Im Geist man sieht die schöne Heimat,
die von Aposteln wird bezeugt.
Wer seine Sünden tief bereuet,
auch das gelobte Land erreicht.

>Aus diesem Brunnen ohne Ende
>strömt Gottes Segen immerfort.
>Für alle Menschen auf der Erde,
>ob reich, ob arm, an jedem Ort.

Ganz unerforschlich ist die Bibel,
sie wird verfolgt, gehasst, verbrannt.
Wer sie nicht liebt, wird sie zum Übel,
doch mancher nimmt sie gern zur Hand.

>Hört! Dieses Buch verkündet Wahrheit:
>„Der Heiland nimmt die Sünder an!"
>Dies Wort spricht hier mit reiner Klarheit
>und führt uns auf der rechten Bahn.

Es bringt Errettung von dem Falle,
„O Sünder, hör den Ruf, erwach!"
Schenkt wahren Frieden allzumale,
führt hin zum Licht durch Todesnacht.

>Drum lies dies Buch mit Fleiß und Beten,
>hier find' die Seele wahre Ruh.
>Wenn vor dem Thron du einst wirst treten,
>winkt dir der Heiland liebend zu.

Loblied des Zacharias (Lukas 1,68-79)

Erfüllt, vom Heilgen Geist geführt,
Zacharias lobpreiste.
Er wollte gern, wie sich's gebührt,
Gott danken heut aufs Beste.

    Gepriesen sei Gott Israels,
    er hat sein Volk erlöset.
    Ein starker Retter, mächt'ges Heil
    aus Davids Haus - ihn preiset!

Wie er es schon vor langer Zeit
durchs Heil'ge Wort verheißen.
Von Sünd errettet und befreit
von Feinden, die uns hassen.

    Gott ist erbarmend und gerecht,
    wie er es hat versprochen.
    Vergisst den heilgen Bunde nicht,
    hat nie den Eid gebrochen.

Dass unser ganzes Leben lang
gerecht und treu wir dienen
dem, dem gebührt ein Lobgesang,
zu unser Heil erschienen.

    Prophet des Höchsten wird genannt,
    den Weg will zubereiten.
    Wer diese Wahrheit hat erkannt,
    den wird Gott auch erretten.

Ein Morgenglanz kommt aus den Höh'n,
die Finsternis erleuchten,
dass jeder Sünder es kann sehn,
kommt, höret den Gerechten.

    Es ist die Stimm' des Predigers,
    der in der Wüst' erschienen,
    in Niedrigkeit des Wanderers,
    zu lehren und zu dienen.

Schützet unsere Erde

Durch den Sündenfall gestorben,
nun geboren heut aufs Neu.
Wer einst hoffnungslos verloren,
wird durch Jesu Blut hier frei.

Oftmals sind wir noch gefallen,
doch von Neuem frisch entflammt,
diese Botschaft gilt für alle,
die den Heiland schon erkannt.

Schützet unsre liebe Erde,
dass von dieser bösen Welt
nicht verallgemeinert werde
und ins Joch der Sünde fällt.

Diese kleine, liebe Erde,
in dem All sehr leicht verschwind't,
wenn im Wirbel ziehen werde
über sie der Atomwind.

Jeder hat schon hinterlassen
auf dem Friedhof manche Seel.
Doch von neuem Mut erfassen
und gekämpft fürs ewge Heil.

Immer wieder wird geboren
neues Leben in der Welt.
Sorgt, dass keines sei verloren
und dem Molch zum Opfer fällt.

Diese winzig kleine Erde
hat erschaffen selber Gott.
Wirket, dass sie einst auch werde
in den Dienst des Herrn gestellt.

Wer überwunden...

„Wer überwindet, der wird es alles ererben, und
ich werde sein Gott sein und er wird mein Sohn
sein."

Offb. 21,7

Hinab vom hohen Throne
kam Jesus auf die Erd',
als Freund und Menschensohne,
damit uns Rettung werd'.

Davon schreibt uns die Bibel,
das Heilge Gotteswort;
sie warnt uns vor dem Übel,
ruft, mahnet immerfort.

O Sünder, horch und glaube,
hier find'st du wahre Ruh.
Wer reuig kniet im Staube,
deckt er die Fehler zu.

Dazu ist er gekommen,
zu suchen, was verirrt.
Wer ihn hat angenommen,
ein Gottesstreiter wird.

So komm auch du und zeuge
von Gottes großer Macht,
dass er sich zu dir neige,
er, der das Heil gebracht.

Nur so kannst du bestehen
einst vor dem Gnadenthron.
Wenn alles wird vergehen,
dann mit ihm kommt der Lohn.

Dann werden triumphieren,
die treu für ihn gelebt.
Die goldne Kron' wird zieren,
wer hier nach Recht gestrebt.

Wer hier hat überwunden,
wird seh'n die Herrlichkeit.
Die Zeiten sind verschwunden,
dann folgt die Ewigkeit!

Rüstung und Glauben

Stehe auf

Viermal lesen wir die Worte,
die der Herr den Jüngern sagt:
„Stehet auf und geht zum Orte,
wo man nach dem Herren fragt."

Dieser Ruf gilt uns auch heute,
hör ihn einmal ernstlich an.
Sieh doch, wie so viele Leute
irren auf der Lebensbahn.

Sieh, Philippus wird gerufen,
mitten aus dem Arbeitsfeld.
Und er ist sofort gelaufen,
so wie Gott es hat gewollt.

Ananias wird gewiesen,
wohin er zu gehen hat.
Ist erschreckt vor diesen Riesen,
doch befolget Gottes Rat.

Sind auch wir bereit zu folgen,
selbst wenn es uns Schmerz bereit't?
Von uns werfen alle Sorgen,
tapfer treten in den Streit?

Petrus wurde einst hinieden
Vorgesetzt, was unrein ist.
Doch er spricht hier ganz entschieden:
„Unrein' Vieh - das ess ich nicht!"

Dreimal musste Gott ihm sagen,
bis er die Gewohnheit bricht.
Doch dann nimmt er ohne Fragen,
was der Heide zugericht't.

Saulus wurd' vom Licht geblendet
und er fiel zu Boden hin.
Was die Stimme ihm verkündet,
wurde später zum Gewinn.

Fragen wir nach Gottes Willen?
Sind zu folgen wir bereit?
Gottes Auftrag zu erfüllen,
wenn er uns führt in den Streit?

Fragen wir auch, was zu tuen?
Sind zum Dienen wir bereit,
um nicht müßig hier zu ruhen?
Sieh, es eilt die Gnadenzeit!

* * *

Über uns der blaue Himmel,
ringsum rauscht der grüne Wald.
Auf der Wiese Biehl.ein. tummeln,
Vögel singen das es seh allt-

Alles bringt dem Schöpfer Ehre,
für den Frieden, für die Ruh"
Wache auf o Mensch und höre,
liebe Seele komm auch du.

Hast du nicht gespürt das mahnen,
Gottes Liebe rein und klar?
Lasst uns heute noch anfangen,
zu erheben Gott dem Herr.

Wachet auf es ist erschienen,
dieses Licht dass nie erlöscht.
Darum lasst uns Jesum dienen,
Er hat uns von Sund erlöst,

Unser Retter hört

Jesus sieht der Mutter Tränen,
er ist bei uns allezeit.
Weiß von ihres Herzens Sehnen,
weil vom Herrn die Kinder weit.

Sieht der Mutter Trauerblicke,
mitleidsvoll spricht: „Bete nur!"
Der vom Tode auferweckte,
wird auch folgen ihrer Spur.

Nicht verschmähen wird dein Bitten,
glaub und hoffe immerfort.
Denke, wie bei Nain zur Witwe
sagte er sein tröstend Wort.

Jesus ist in unsrer Mitte,
hört der Mutter heißes Fleh'n.
Lenkt auch der Verlor'nen Schritte,
bis wir einst uns wiedersehn.

Hat für sie sein Blut vergossen
und wird zeigen ihre Bahn,
dass auch sie die Welt verlassen,
ziehen freudig himmelan.

Dir von Herzen wollen singen
unser Loblied allezeit,
dass es mög' zu Herzen dringen
unsern Kindern, die noch weit.

Nimmer wollen wir vergessen,
was für uns er hat getan.
Seine Liebe zu ermessen,
loben, preisen ihm fortan.

Der beste Weg

Wege gibt es viel auf Erden,
welcher ist der beste Weg?
Wege, die zum Laster werden,
führen nicht ins Himmelreich.

> Gottes Weg ist stets der beste.
> Menschen mühen sich oft sehr,
> eilen, hasten manche Wersten,
> doch das Herz bleibt öd und leer.

Gott hat schon den Weg erwählet,
merke auf und werde still.
Wer treu folget, nicht verfehlet,
der spricht stets: „So wie Gott will!"

> Zeiten kommen, Zeiten schwinden,
> alles eilt zur Ewigkeit.
> Wer sich lässt vom Laster binden,
> ist zum Sterben nicht bereit.

Achte nicht auf Menschenreden,
in der Welt gibt's Wege viel.
Halte Gottes Wort in Ehren,
es führt dich zum wahren Ziel.

> Wer ist, der den Herren fürchtet?
> Wer fragt nach dem Weg des Herrn?
> Wer sich nach der Bibel richtet,
> folgt des Herren Willen gern.

Tage kaum erst angebrochen,
schwinden schon in weiter Fern.
Werden, eh man's denkt, zu Wochen,
bald verlöscht der Hoffnungsstern.

> Halte an der reinen Lehre,
> nur ein Weg führt himmelan.
> Dass der Glaube sich vermehre,
> wand're stets auf rechter Bahn.

Die Himmelsleiter

Auf die Sünde folgt die Strafe
und vertrieben wurd' der Mensch.
Gottes Urteil klingt zwar scharfe,
doch blieb offen noch ein Wunsch.

> Gottes Liebe wollt nicht scheiden
> von den Menschen, die er schuf.
> Dann, nach Kummer, Schmerz und Leiden,
> er die Menschheit zu sich rief.

So hat Gott ein' Bund geschlossen,
als er Abraham berief.
Auch der Himmel stand frei offen,
als der Jakob träumend schlief.

> Auch für uns ist frei geblieben
> noch ein Trost auf Erden schon.
> Ob vom Paradies vertrieben,
> sandte Gott doch seinen Sohn.

Das ist seine große Liebe,
die uns aufrecht hält und trägt,
der in Demut sich hier übe,
wer nach seinem Willen fragt.

> Gott ruft freundlich: „Kommet wieder!",
> die in Sünd und Not verstrickt,
> fallet vor dem Retter nieder
> und ihr werdet reich beglückt!

Jesus schenkt das ewge Leben
allen, die ihm anvertraut.
Freies Heil wird hier gegeben,
wer sein Heil in Jesu schaut.

> Dieses ist die Himmelsleiter,
> die uns führt zum ewgen Ziel.
> Sagt die Botschaft freudig weiter,
> denn bei Gott ist Gnade viel.

Form der Gottseligkeit

Jahr für Jahr schmückt eine Tanne
in der Stadt den schönsten Platz -
eine zwanzig Meter lange,
wird geschmückt, als wär's ein Schatz.

Mit Bewunderung der Blicke
zieht sie die Passanten an.
Doch was lässt sie dann zurücke?
Das hat wahrlich wenig Sinn.

Weil sie aus dem Wald gekommen,
ohne Wurzeln, ohne Saft,
ist die Schönheit bald zerronnen,
nichts, was ihr noch gibt die Kraft.

In der Christenheit gibt's Menschen,
deren Leben gleicht dem Baum.
Wo so vieles bleibt zu wünschen,
all ihr Halt ist äuß'rer Schaum.

Sind beteiligt an den Werken,
zahlen pünktlich ihren Soll.
Doch die wahre Glaubensstärke
ihres Geistes ist nicht voll.

Die lebendige Beziehung,
zu dem wahren Gott bleibt aus.
Gottes Furcht, die auferziehet,
sieht man nicht in solch ein' Haus.

Weil sie nicht am Lebenswasser
ihre Wurzeln eingesenkt,
wird ihr Leben bald erblassen,
es wird nicht von Gott gelenkt.

Suche deinen Geist zu nähren
in dem Wort, das Gott uns schenkt,
dass sich deine Kräfte mehren,
tiefer in dem Herrn versenkt.

Neu durch Renovierung

Schloss Drachenburg - ein prächt'ger Bau,
ist auf ein' Fels gebaut am Rhein.
Steht mächtig da, ein Schmuck zur Schau,
für alle soll willkommen sein.

Das ganze Schloss wird renoviert
viel schöner, als es einst erbaut.
Mit Gold und Silber neu verziert,
dass mancher kaum sein' Auge traut.

Der Berge Panorama-Blick,
des Rheinschleifs klarer Wasserflut;
der Einblick in ein Zeitraum-Stück,
das in Vergangenheit schon ruht.

Dies gilt auch für die Christenheit,
durch Neugeburt der Mensch erbaut.
Hat nun sein Leben Gott geweiht,
die Welt im andern Lichte schaut.

Manch Fehler ihm noch unterläuft,
doch stützt er sich auf Gottes Gnad.
Tagtäglich, stündlich sich auch prüft,
ob er noch geht auf rechtem Pfad.

Der Mängel gibt's auf Erden viel,
Verlockungen und Augenlust.
Doch Kinder Gottes seh'n das Ziel,
sind sich auch dessen ganz bewusst.

Wer in der Bibel liest und forscht,
das Bild find't in Vollkommenheit.
Dies hält ihn aufrecht, gibt auch Trost,
zu streiten für die Christenheit.

Seine Güte währet ewig!

Es war der Weltkrieg schon entbrannt,
doch Hitler noch das Reich regiert.
Als Pfarrer Donald aus Schottland
in Frankreich wurde arretiert.

Alliierten half er auf der Flucht,
wovon er später hat erzählt.
Wo selber er die Schuld gesucht,
was ihn zu diesem Schritt bewegt.

Er war schon der Verzweiflung nah,
doch hat der Glaube ihn bewahrt.
Im Geiste war der Heiland da,
obgleich die Prüfung war sehr hart.

Einst sah er Namen an der Wand,
die eingeritzt mit scharfem Stahl.
Da schrieb auch er mit fester Hand:
„Gott hilft den Seinen vor dem Fall."

Ein andrer Mann hat dann erzählt:
„Auch ich war der Verzweiflung nah.
Es hatte schon nicht viel gefehlt,
doch dann sah ich die Inschrift da.

Dies hat das Leben mir bewahrt,
ich fand hier Trost in diesem Wort.
Dann fing ich an mit neuer Kraft
zu überstehn die Haft am Ort."

So hatten zwei durch Gottes Wort
gefunden Trost und Mut und Kraft.
So wächst der Glaube immerfort
und stärkt den Geist, der wirkt und schafft.

Die Möwen

Hört die Möwen warnend schreien,
aus der Fern ertönt Gebraus.
Schwere Wolken höher steigen,
alles sucht ein sich'res Haus.

    Lasst uns auf die Möwen schauen,
    wahrlich eine Heldentat.
    Ihrem Ruf kann man vertrauen
    und auch folgen ihrem Rat.

Kinder Gottes, nehmt als Lehre
von den Möwen dieses an.
Rufet laut zu Gottes Ehre:
„Sünder, ändre deine Bahn!"

    Bald wird Jesus wieder kommen,
    um zu sammeln seine Schar.
    Wer dann nicht wird angenommen,
    geht verloren - das ist klar.

Kinder Gottes, ruft und mahnet,
eh die Gnadenzeit vorbei.
Auf des Herren Wort vertrauet,
sein Blut macht von Sünden frei.

    Schwer verstrickt in Sündenbanden,
    wo des Feindes Macht regiert.
    Eh ihr Lebensschifflein strandet,
    sie zum Seelenretter führt.

Betet mit Geduld und Harren
für die Lieben, die noch fern,
dass der Herr sie mag bewahren,
eh erlischt der Hoffnungsstern.

    Haltet an der reinen Lehre,
    nur ein Weg führt himmelan.
    Dass dein Glaube sich vermehre,
    wandre stets auf rechter Bahn.

Jesus allein

Jesus ist das ewge Leben,
er allein der eine Weg.
Nur durch ihn wird uns gegeben
neues Leben ewiglich.

Dieser Ausspruch ist durchschlagend,
tief und unausweichlich fest.
Ihm darfst du dein Leid auch klagen,
er gibt Rat und Kraft aufs Best'.

Er kam nicht, um sich zu zeigen,
er ist selbst der wahre Weg.
Er will retten allentwegen,
nimmt die Sündenschuld auch weg.

Viele Menschen heut noch suchen,
finden nicht das Seelenheil,
weil so viele Sekten rufen,
jeder dünkt sich, klug zu sein.

Nicht hilft unser Tun und Streben,
keine Kirche bringt uns heim.
Gott hat uns den Sohn gegeben,
nur sein Blut macht hell und rein.

Wasche dich in seinem Blute,
Leben gibt nur er allein.
Er starb willig uns zugute,
wer es glaubt, wird selig sein.

Neues Leben wir empfangen
nur durch Jesus Christ allein.
Durch ihn wir das Heil erlangen
und von Sünden frei und rein.

Wahrer Glaube

Zu Kapernaum ist gekommen
selbst der Heiland Jesus Christ.
Spricht ein Hauptmann: „Sei willkommen,
hilf mein' Knecht, der leidend ist."

> Schon die Antwort: „Ich will's tuen."
> Doch der Hauptmann sagt: „Nein, Herr!
> Sprich ein Wort, so ist's geschehen,
> das genügt, was brauch ich mehr."

Wie hat Jesus sich verwundert,
als der Hauptmann zu ihm sagt:
„Deiner Allmacht nichts kann hindern,
sprich ein Wort, schon ist's vollbracht."

> Selbst die Juden trauten nimmer,
> dass der Lehrer solches kann.
> Doch der Hauptmann hier im Zimmer
> traut sich seiner Allmacht an.

„So wie meine Untertanen
folgen müssen auf mein Wort,
so auch deine Worte langen,
um zu heil'n am fernen Ort."

> Das war eine Überzeugung
> von der Vollmacht unsers Herrn.
> Als sobald der Knecht Genesung
> konnt empfangen in der Fern.

Das ist eine gute Predigt,
die uns dieser Hauptmann zeigt.
So auch heute noch ist gnädig
Jesus, wer sich vor ihm neigt.

> Nimmer wird er je verschmähen
> des Gerechten ernst' Gebet.
> Wer da glaubt, der wird es sehen,
> dass er hundertfältig gibt.

Die Glaubensleiter

Die erste Stufe ist - Gehorsam,
die Abram selbst auch einst bestieg.
Wer glaubt dem Worte und ist folgsam,
erreicht den wahren Glaubenssieg.

    Auch Samuel wurde gerufen
    zu einem Dienste für den Herrn.
    Bestieg getreu die Glaubensstufe
    und trat in seinen Dienste gern.

Hast du den Ruf des Herrn gehöret?
Wie hast du dich dazu gestellt?
Bist du gefolgt, wie Gott dich führet?
Dann bist auch du ein Glaubensheld.

    Dann hast die erste Stuf' bestiegen,
    das tat auch Saul, als Gott ihn rief.
    Im Glauben ist er treu geblieben,
    ob schwer der Kampf, der ihn noch traf.

Auch war der Kämmerer gehorsam,
er stieg ins Wasser ohne Scheu.
Hört auf den Ruf des Herrn, war folgsam
und ferner blieb im Glauben treu.

    Der Schächer an dem Kreuz erkannte
    die Schuld und macht' den ersten Schritt.
    Somit den wahren Sieg erlangte
    und Jesus nahm sofort ihn mit.

Schon mancher stand an dieser Leiter,
doch fehlte die Entschiedenheit.
Er wartete auf ein' Begleiter
und hat versäumt die Gnadenzeit.

    Hast du die Leiter schon bestiegen,
    wenn nicht, dann folg ihm heute nach.
    Mit Jesum wirst du immer siegen,
    er hält sein Wort, was er versprach.

Freude im Himmel

Wenn einmal tritt ein mächt'ger Mann
im hohen Rat als Führer an,
wenn Wissenschaft Erfolge zeigt,
ein Sportler auf die Bühne steigt, -

> dann wird ein Applaus ihm geweiht,
> was tausend Menschen Freud bereit't.
> Die Zeitung bringt auch ein' Bericht
> und überall steht er im Licht.

Jedoch im Himmel merkt man's kaum,
solch ein Gescheh'n ist lauter Schaum.
Doch wenn im weiten Erdenrund,
ein Sünder schließt mit Gott den Bund, -

> vielleicht verborgen, unbeacht',
> auf Knien ringt in dunkler Nacht,
> in Reu' und Buß die Sünd bekennt
> und bittend hebt empor die Hand,

dann öffnet sich der Himmel weit,
die Engel jubeln voller Freud.
Ja, Gottes Gnad wird ihm zuteil,
in Jesu Wunden find't er Heil.

> Wer sich in Reu zu Gott bekehrt,
> der wird im Himmel hoch geehrt.
> Dann wird der ganze Mensch erneut
> von Sündenschuld und Last befreit.

So komm auch du mit deiner Schuld,
noch wartet Jesus mit Geduld.
Er schenkt dir Frieden, Ruh und Heil,
o zaudre nicht, ergreif dein Teil!

> Dann wirst du seh'n, - o wunderbar,
> wie's Herze wird so hell und klar.
> Und jubelnd rufst aus voller Brust:
> Ich, armer Sünder, bin erlöst!

Im Kampf der Zeit

In Pfarrers Garten stand ein Baum,
er trug viel' schöne Früchte.
Und um den Garten war ein Zaun,
zum Schutz für Bösewichte.

    Wie prächtig war er anzusehn,
    verlockend gar und zierlich,
    dass mancher blieb hier stille stehn,
    bewunderte ihn fröhlich.

Einst kamen böse Buben her,
mit Steinen schwer beladen.
Sie warfen immer mehr und mehr,
um Äpfel zu empfangen.

    Sie achteten den Schaden nicht,
    bis alle Frucht lag unten.
    Der Baum war furchtbar zugericht't,
    verschlagen und zerschunden.

In manchem Gottesgarten steht
solch Bäumchen, fein und zierlich,
und viele Seelen es erfreut,
weil redlich es und ehrlich.

    Oft treibt die Welt ihr böses Spiel
    mit solchen zarten Seelen.
    Gibt's doch Verlockungen so viel,
    beim Tanzen, Singen, Spielen.

Wenn es nicht fest verwurzelt ist
im sichern Gottesgrunde,
den Blick nicht auf das Ziel gericht',
kann's scheitern schnell zur Stunde.

    Der wahre Weg ist Jesus Christ,
    er führt zum Vaterhause.
    Nur wer in ihm verwurzelt ist,
    wird steh'n im Weltgebrause.

Das Licht der Welt

Die Erde, einer Wüste gleich,
gehüllt in Dunkelheit und Macht,
doch die Dreieinigkeit macht reich,
hat Ordnung in der Welt geschafft.

Er sprach mit Macht: „Es werde Licht!"
So schuf er eine neue Erd'.
Begreifen kann der Mensch es nicht,
dass es geschah durch's Wort „Es wird'!"

Die heilge Macht allein beruht
aufs Dasein seiner Gegenwart.
Wie sehr der Mensch sich auch bemüht,
nicht kann er leugnen seine Tat.

Gott selber ist das Licht der Welt,
in ihm ist keine Finsternis.
Wie er es führt, wie er es stellt,
das ist vollkommen, ganz gewiss!

Trau auf sein Wort und zweifle nicht,
sein Regiment ist ohne Fehl.
O glaub, dass es dir nicht gebricht,
der Weg zum Himmel sei dein Ziel.

Erfasse es, kurz ist die Zeit,
so wie der Nebel schnell vergeht.
Drum mache heute dich bereit,
vielleicht ist's morgen schon zu spät!

Das ewge Heil ist Jesus Christ,
noch reicht er liebend seine Hand.
In ihm allein Erlösung ist
und das ist einzig nur aus Gnad!

Licht und Wahrheit

Dem Franzosen Laffergue
wurd' der Ehrenpreis erteilt.
Viele Medien ohne Ruh
sind sofort dahin geeilt.

Überraschend frei für viele,
anerkannt' er sich als Christ,
dass der Glaube nicht Gefühle, -
Suche nach der Wahrheit ist.

Viele wollen es bezeugen,
Wissenschaft ihn duldet nicht.
Frei den Glauben auch verleugnen,
stellen ihn gar vors Gericht.

Doch er sagt es frei und offen:
„Wissenschaft nach Wahrheit sucht.
Auch der Glaube, voller Hoffnung,
nur zur Wahrheit alle ruft."

Wer die Wissenschaft erfolgreich
will erforschen, geht voran.
Dann, gestärkt im Glauben siegreich,
den Erfolg beweisen kann.

Frei kann ich auch heut bezeugen,
Christus ist mein Lebensziel.
Nimmer werd ich es bereuen,
gibt es Zeugen doch so viel.

Wer persönlich dies erfahren,
hält die Retterlieb in Sicht.
Wird auch feste steh'n im Harren,
Gottes Lieb verleugnet nicht.

Wer hat Lust zum Leben?

Worin besteht der Wert des Lebens,
hat es denn wahrlich noch ein' Sinn?
Ist es denn alles nicht vergebens,
wo komm ich her, wo geh ich hin?

> Dies wird nicht offen ausgesprochen,
> doch mancher denkt darüber nach.
> Schon manchem ist das Herz gebrochen,
> wenn er am Krankenbett hielt Wach'.

Wenn dann die Lieben von dir scheiden,
verlassen du alleine stehst.
Das Herz voll Sehnsucht, Schmerz und Leiden
und keinen Ausweg nicht mehr siehst.

> Dann gibt es einen, der dich suchet,
> sein Herze blutend überströmt.
> Wer in der Not zum Heiland rufet,
> wird dann durch Jesu Blut versöhnt.

Nur wer mit Gott den Bund geschlossen,
find't hier das wahre Lebensziel.
Wer dies im Glauben recht kann fassen,
wird stehn, obgleich Versuchung viel.

> Dann wird die Freude überströmend,
> das Leben hat ein' Sinn und Ziel.
> Dein Lebenslauf wird reich belohnet,
> du erntest Gnadengaben viel.

Auch Paulus schrieb von solchen Freuden,
als er in Rom im Kerker saß.
Er schaute nicht auf seine Leiden,
als Nero ausgab den Erlass.

> Die Himmelstüre sah' schon offen,
> er strebte nach dem ewgen Ziel.
> Das war sein ganzes Sehnen, Hoffen,
> dorthin, zum Herrn, wo schon so viel'!

Licht und Schatten

Wenn das Land die Nebel decken,
ist die Aussicht sehr beschwert,
dann im Auto auf der Strecke
wird die Reise oft gestört.

Auch die Wolken oftmals rauben
uns das klare Sonnenlicht.
So auch ist es mit dem Glauben,
wenn aufs Wort wir achten nicht.

Wenn das Beten unterlassen,
wird es dunkel um uns her.
Mutlos irren auf den Straßen,
unser Gang ist matt und schwer.

Wo das Laster wird gekrönet,
muss Gott selbst zurücke gehn.
Auch die Sonne nicht mehr scheinet,
keine Rettungshilf' zu sehn.

Wer in Gottes Licht sich stellet,
seine Sündenschuld bereut,
wird von Gottes Strahl erhellet
und sein Leben wird erneu'rt.

O wie wohl ist uns zu Mute,
wenn ein Sonnenstrahl durchdringt.
Neu belebt wird das Gemüte
und das Herze jauchzt und singt.

Bei dir ist die Quell des Lebens,
in dir werd das Licht ich sehn.
Dieser Glaub' ist nicht vergebens,
so werd ich gerecht bestehn.

Wahrer Glaube

Es fordert Glauben Gottes Wort,
dass wir es feste halten.
Zu aller Zeit, an jedem Ort,
es lassen, tun und walten.

Es muss graviert im Herzen sein
und nicht nur auf den Lippen.
Sonst ist es nur ein äuß'rer Schein,
zerfällt in lauter Stücke.

Das Licht muss scheinen hell und klar,
dass wir es auch bekennen,
wie Gottes Lieb so wunderbar,
sie recht beim Namen nennen.

Das Wort muss unser Leitstern sein,
dass wir es recht verstehen.
Es gibt uns Klarheit, macht uns rein,
dass wir die Fehler sehen.

Vom Geist geführt, erkennen recht,
was böse ist und Falschheit.
Fortan zu meiden, was da schlecht,
entfliehn der Sünde Torheit.

Wenn jemand uns ein' Fehler zeigt,
wie hart es auch mag scheinen,
dass es nicht werde still verschweigt,
stets demütig vereinen.

Gerechtigkeit muss sichtbar sein,
dass alle es hier sehen,
dass wir, geführt von Gott allein,
im Glauben feste stehen.

Zur Rüstung

Näher rückt die Scheidestunde,
schon von ferne strahlt ein Licht.
Bald ertönt die frohe Kunde:
„Kommet heim und säumet nicht!"

Doch noch liegt der Todesschatten
und ein finster' Tal davor.
Nach vollbrachten Lebenstaten
öffnet sich die Himmelstür.

Was geglaubt, sich dann erfüllet,
und wir gehn mit Freuden ein.
Was geheim war, wird enthüllet
durch des Lammes Lichterschein.

Dann ist alles überwunden,
Trübsal, Leiden sind vorbei.
Jesu Blut und seine Wunden
machen uns von Sünden frei.

O wie herrlich wird das klingen,
wenn wir vor dem weißen Thron
werden neue Lieder singen,
loben, danken Gottes Sohn.

Seine Hand hat uns getragen,
durch der Erde Leid und Weh.
Hat erhöret unsre Klagen,
er war mit uns spät und früh.

Darum lasst uns schon auf Erden
fester fassen seine Hand,
dass wir Streiter Christi werden
für das ob're Heimatland.

Mein Lobgesang

In den Liedern oft wir loben
dieser Erde Herrlichkeit.
Manch ein Mensch wird hoch erhoben,
der nach Reichtum strebt und schreit.

Ich will singen von dem Einen,
der das Weltenall regiert.
Seine Sonne lässt mir scheinen,
ihm allein die Ehr gebührt.

Seine Lieb ist ohne Ende,
Er hat mich vom Tod befreit.
Die durchbohrten treuen Hände
tragen mich durch Schmerz und Leid.

Er hat meine Schuld getragen,
gab dafür sein teures Blut.
Heute kann ich freudig sagen,
Er tat es für mich zu gut.

Frohe Lieder will ich singen,
meinem Gott aus voller Brust.
Ewig sollen sie erklingen,
er ist meine Freud und Lust.

Wenn mal kommen trübe Stunden
und der Feind mir listig droht,
such ich Schutz in seinen Wunden,
Er hilft mir aus jeder Not.

Wenn der Mund nicht mehr kann singen
und das Alter drücket schwer,
soll das Lied im Herzen klingen,
Lob und Ehr dir, teuer Herr!

Nur Jesus allein

Wenn sich Wetterwolken türmen
und der Donner grollend rollt,
Regenströme wütend stürmen,
wisse: Gott hat es gewollt.

Wenn ein böses Wort verwundet,
deinen Nächsten es verhöhnt.
Sprich ein Wörtlein, das gesundet,
und dein Nächster wird versöhnt.

Wenn das Herz vor Kält' ermattet,
keine Wärme mehr verspürt,
Gottes Hand es sanft beschattet,
segnend leis das Herz berührt.

Wenn ein Missvertraun einschleichet,
dich dein Liebster nicht versteht,
Gott kann selbst das Herz erweichen,
bald der Sturm vorüber geht.

Wird mit seiner Liebe decken,
schnell zerstreun den Unmutssinn.
Dass dein Herze nicht erschrecke,
die Gefahr ist bald dahin.

Darfst die Wunder Gottes schauen,
Glauben bringt dir viel Gewinn.
Führet dich auf grünen Auen
zu dem Lebenswasser hin,

wo die Saronsrosen blühen
und die Lebensdüfte weh'n,
zu des selgen Zionshöhen,
wo wir staunend werden steh'n.

Glaubensflügel

Wenn in schweren Stunden machtlos,
lass nicht sinken deinen Mut.
Sind die Glaubensflügel kraftlos,
suche Schutz in Gottes Hut.

Bete ohne Unterlassen,
glaube fest, so wird's geschehn.
Wer im Glauben es kann fassen,
dem wird Gott zur Seite stehn.

Nicht nur Glück bringt's Erdenleben,
ob du bittest oder flehst,
anders kann es sich ergeben,
sag es Jesum, wie es ist.

Wenn die Gegenwinde wehen,
wird das Ziel dir erst gewiss.
Und du kannst es recht verstehen,
Gott ist mit dir ganz gewiss.

Deine Glaubensflügel tragen
hin bis zu dem äußer'n Meer,
dass du kannst mit Freuden sagen:
Bis hier half mir Gott, der Herr!

Deine Leiden und Beschwerden
haben einen wahren Sinn.
Dass wir Himmelspilger werden,
muss der Weg durch Leiden gehn.

Wer die Prüfung kann bestehen,
kühn die Glaubensflügel schwingt,
wird die Herrlichkeit einst sehen,
die uns heut von ferne winkt.

In schweren Stunden

Wenn Unglück klopft an deiner Tür
und du kein' Ausweg findest,
dann öffnet sich die Glaubenstür,
der Geist dich liebend tröstet.

Obgleich das Unglück schreckenhaft,
du kannst es nicht ertragen,
dann bitte Gott um neue Kraft,
mit ihm kannst du es wagen.

Geh' nie auf Knien vor der Not,
nein, nur vor Gott im Glauben.
Selbst Jesus hat besiegt den Tod,
lass dir den Mut nicht rauben.

Verzweiflung und Entsetzen fliehn
in einem Augenblicke,
wenn Himmelskräfte näher ziehn
und treten in die Lücke.

Dann müssen Satans Kräfte fliehn,
bei Gott ist viel Erbarmen.
Wie Wolken an dem Himmel ziehn,
trägt er dich auf den Armen.

Wie eine Mutter tröstet mild,
wird er dich treu umfangen.
Er ist dein Stecken und dein Schild,
drum sei dein Herz nicht bange.

Im Glauben bet' und zweifle nicht,
er hat es selbst verheißen:
„Ich bin auf deinem Weg ein Licht,
ich werd dich nie verlassen!"

Friedensbote

Sagt es laut in alle Lande,
wer noch nicht den Heiland kennt.
Er zerbricht des Todes Banden,
Jesus ist ein starker Held.

Wer ihm noch verschmäht, verhöhnet,
knie in Reu' und Buß' vor ihm.
So wirst du mit Gott versöhnet,
froh zum Thron der Gnade zieh'n.

Suche Frieden mit dem Nächsten,
Liebe üben ist nicht schwer.
Wo in leidenvollen Nächten,
trostlos weinet mancher sehr.

Seid nicht hart noch unbarmherzig,
so hat Jesus einst gelehrt.
Freudenworte lindern Schmerzen,
damit wird dein Freund geehrt.

Suche Schulden zu versöhnen,
schieb es nicht bis morgen auf.
Wenn zu spät wirst einst verhöhnet,
schnell beschließt der Tod dein' Lauf.

Darum heißt es glauben, kämpfen,
halte fest, der Sieg ist dein.
Wenn der Herr die Schuld wird dämpfen,
sitzt du bald im Sonnenschein.

Feierlich wirst dann frohlocken:
„Meine Schulden sind versöhnt!"
Und du hörst den Ruf der Glocken,
wenn als Sieger du gekrönt.

Bet' zu allen Stunden

Wenn sein' Segen du empfangen,
möchtest danken stets aufs neu.
Aus dem Herzen steigt verlangen,
preisen seine Gnad und Treu.

    Heilge Freude schnell vereinet,
    wie ein duft'ger Blumenstrauß.
    Dir sein Ebenbild erscheinet
    wie der Sonnenstrahl im Haus.

Wenn die Wetterwolken steigen
und dein Tag wird trüb und schwer;
bitte Gott, dass er sich neiget
und dir stärke immer mehr.

    Wenn dich keiner kann verstehen,
    Spott, Verleumdung überall,
    wisse, Gott hat's recht versehen,
    hilft dir aus in jedem Fall.

Wenn sich gegen dich vereinen
böse Zungen zum Gefecht,
Herz und Seele bitter weinen,
wisse: Gott behält die Recht.

    Wenn die Kräfte dich verlassen,
    dir erlöscht der Liebe Licht.
    Schier dein Herze will's nicht fassen,
    alles wankt, zerfällt und bricht.

Dann vereine dich im Glauben
mit dem Heilgen Geist geschwind.
Lass den Mut dir nur nicht rauben,
Gott wird sorgen für sein Kind.

    Seine Hand kann alles wenden,
    eh der Abend bricht herein,
    wird er neue Hilfe senden,
    nie lässt er sein Kind allein.

Worte der Wahrheit

Menschen, die zu Gott sich kehrten,
ihre Schuld zum Thron gebracht.
Als der Satan sie begehrte,
standen sie in seiner Macht.

Ihre Sündenschuld sie drohte
zu verklagen vor dem Herrn,
weil verletzt sie die Gebote,
schon erlosch der Hoffnungsstern.

Doch der Heiland voller Liebe
zeigte auf den Kreuzesstamm.
Hört, der Ruf verkündet: „Friede!
Jesus nimmt die Sünder an."

„Mir ist Heilung widerfahren",
spricht, der einst ein Sünder war,
„hilf mir, Herr, dies zu bewahren,
bleiben bei der selgen Schar."

Wie der Macht der Sünd entfliehen,
zeigt das Evangelium.
Lass dich von dem Heiland ziehen,
bleib in seinem Heiligtum.

So wie Jesus auferstanden,
wird ein Christ auch neu erweckt.
Als die Taufe er empfangen,
wurd die Sünde zugedeckt.

Nun darf auf der Straße wandern,
wo selbst Jesus geht voran.
Bis er freudig einst wird landen
in dem ober'n Kanaan.

Auf rechter Bahn

Die Sünden meiden und nicht folgen,
im Rat der Gottlosen nicht steh'n.
Mit Sündern nicht zu Tische schwelgen,
im Glauben nur auf Jesum seh'n.

Wer das Gesetz des Herrn beachtet,
in ihm die Freud in Fülle hat.
Nach Ruh und Frieden immer trachtet,
empfängt des Geistes heilgen Rat.

Wird blühen wie ein Baum am Wasser
und bringen Frucht zu seiner Zeit.
Sein Tun und Walten ist viel besser,
er ist zum Helfen stets bereit.

Er sieht den Lohn, der ihm verheißen,
fest ist sein Anker eingesenkt.
Nie werden seine Ketten reißen,
sein Lebensschiff der Meister lenkt.

Die Bösen werden nicht bestehen
vor Gottes Throne im Gericht.
Wie Spreu im Winde sie verwehen
und ihre Spuren find't man nicht.

Die Heiligen wird Gott bewahren,
er leitet sie auf rechter Bahn.
Die auf den Herren treulich harren,
führt sicher er zum Himmel an.

Holdselig, wer dies Heil gefunden,
kein Sturm noch Blitze schrecken mehr.
Mit Herz und Seel im Herrn verbunden,
sein Leben ist geweiht dem Herrn.

Die Zukunft winkt

Was alles was gemein, abscheulich,
hier hemmte unsern Glaubensschritt,
was wertlos und auch nicht mehr wichtig,
soll bleiben auf dem Weg zurück.

Gar mancher hält noch an dem Alten,
er hält nicht mit dem Leben Schritt.
Wenn sich die Stirn erst legt in Falten,
dann ist das Ende nicht mehr weit.

Wenn unser Leben noch bedeutsam,
nährt und erleuchtet unsern Geist,
wenn alles, was uns scheint noch wirksam,
die Zukunft auf ein Licht hinweist.

Ein Streben nur nach besser'n Zeiten
gibt unserm Leben sicher'n Halt.
Zur Ewigkeit sich zubereiten,
wenn wir verlassen diese Welt.

Gott schenke Weisheit uns und Gnade,
hier fest zu steh'n in seinem Bund.
Er leite uns auf rechtem Pfade,
zu aller Zeit, zu jeder Stund.

So wandern wir mit festem Schritte,
dorthin, wo ewger Frühling blüht.
Aus dieses Lebens Erdenhütte,
wo unsern Geist nichts mehr betrübt.

Die goldne Stadt schon winkt von Ferne,
es strahlt und glänzt das Perlentor.
Das Herz, der Geist möchte schon gerne,
mit Freuden schwingen hoch empor.

Geisteswinde

Frühlingswinde leise wehen
über Feld und Wald dahin
und ein ernstes, heißes Flehen
zieht durch Seele, Herz und Sinn.

Mit dem Wind die Seel anstimmet
neuen Lobgesang dem Herrn.
Harmonierend festlich klinget,
leis verhallt es in der Fern.

Unantastbar, doch vertraulich
leise streicht die Kinderhaut.
Jeder Bauer kennt ihn freilich,
doch wer hat ihn je geschaut?

Auch die Seele spürt ein Wehen,
leiser Hauch wie Frühlingswind.
Wie ein Hauch aus jener Höhe,
wo das Herz die Ruhe find't.

Wer von Neuem hier geboren,
mit dem Herrn im Bund vereint,
ist zum Leben auserkoren,
ob das Aug auch oft noch weint.

Feindesmacht ist stets in Waffen,
darum sei zum Kampf bereit.
Gottes Wort kann alles schaffen,
glaube nur, nutz' jede Zeit.

Wer vom Geiste sich lässt führen,
nie verfehlt das wahre Ziel,
Gottes Gegenwart wird spüren,
trotz des Feindes wildes Spiel.

Durch den Glauben

In Blut und Fleisch zur Welt geboren,
kam Jesus als ein Kindelein,
zu suchen, retten, was verloren,
uns von der Sünde zu befrei'n.

Doch nicht durch Leute fremder Lehre,
nur, wer im Herzen ihn aufnimmt,
wer seine Sünde recht bereue,
in ihm das ewge Leben find't.

Der Glaube ist die Himmelsleiter,
nur so kommt man zum wahren Ziel.
Man wächst im Glauben ständig weiter,
ob Feindespfeile fliegen viel.

Durch seine Wunden sind geheilet,
versöhnet durch sein teures Blut.
In seiner Nähe wer verweilet,
wird erben einst das höchste Gut.

Der Glaube muss beständig wachsen,
so sind wir frei von dem Gericht.
In Christi Blut sind wir gewaschen,
kein Feind noch Tot uns schrecket nicht.

Welch ein Triumph, welch Sieg errungen
über die Hölle, Feind und Tod.
Mit Jesu ist der Kampf gelungen,
er ist mit uns trotz aller Not.

Was er verheißen, wird geschehen,
mit ihm wir gehn zum Hochzeitsmahl.
Dort werden wir ihn selber sehen
im feierlichen Königssaal!

Ein fester Grund

Der Stadtarchiv in Köln stürzt ein,
vor Augen vieler Zeugen.
Der Bau der U-Bahn sollte sein
die Ursach' des Geschehens.

Ein Wassereinbruch löste aus
den Erdrutsch, der gekommen.
Auch Jesus sprach von einem Haus,
des Grund soll sein vollkommen.

Ein jeder baut sein Lebenshaus.
Wie wird es einst bestehen?
Wenn wilder Wettersturm-Gebraus
wird durch die Lande gehen?

Ein sich'rer Fels, der feste steht,
auf den man hier kann bauen,
in Ewigkeit niemals vergeht,
ihm auch in Zukunft trauen.

Der feste Grund ist Jesus Christ,
dem können wir vertrauen.
Beziehung zu ihm selber ist
das Wichtigste beim Bauen.

Die äuß're Art genüget nicht,
wenn wir ihn Heiland nennen.
Das Herz muss sein auf ihn gericht't,
ihn als Erlöser kennen.

Wer feste hält an seiner Hand,
trotz Feindeslist und -drohen,
des Lebenshaus hält ewig stand,
der wird den Heiland sehen.

Der Herr ist unser Fels und Heil,
auf den wir sicher stehen.
Die Hilfe wird uns stets zuteil,
wenn glaubend aufwärts schauen.

Säumet nicht!

Töchter, Söhne, die verirret,
näher rückt die Mitternacht!
Hört, wie Gottes Stimm euch rufet,
säumet nicht, dringt durch mit Macht.

    Nirgends werden Ruhe finden,
    die gefangen hält die Welt.
    Wie sich auch die Wege winden,
    ohne Segen - leer das Zelt.

Eure Lebensjahre schwinden,
näher kommt die Ewigkeit.
Wer den Retter nicht kann finden,
für die Hölle ist bereit.

    Silberbleich das Haar geworden,
    nützt die letzte Gnadenfrist.
    Bald ist alles überstanden,
    wen wird grüßen Jesus Christ?

Lange hat er euch gewarnet,
kommt zum Heiland in der Zeit.
Wenn das Lebensschifflein strandet,
ist's für immer dann zu spät.

    Was willst du am Throne sagen,
    wenn der Heiland dich blickt an:
    „Wie hast du die Last getragen,
    was hast du für Gott getan?"

Wie wird's dann der Seel ergehen,
von der Herde weit verirrt.
Händeringend wirst du flehen,
doch für immer schon zu spät.

    Kehret um zum Vaterhause,
    kniet nieder vor dem Herrn.
    Reißt euch los vom Weltgebrause,
    Gott vergibt die Sünder gern.

Veteran

Kolonnenwüchse, Mann an Mann,
heut durch die Straßen ziehen.
Wer noch das Banner tragen kann,
möcht gerne auch mitgehen.

Einst starke Kampfer - nun längst alt,
wie viele sind gefallen.
Ein Lied der Veteranen schallt,
seht wie die Augen strahlen.

Sie möchten gerne, wie zuvor,
in Reih und Glied marschieren.
Einstimmen in den großen Chor,
doch müssen sich genieren.

Sie kämpften einst fürs Lebensrecht,
für Kinder, für die Frauen.
Um nach errungenem Gefecht
ein neues Leben bauen.

Die großen Wunden schmerzen noch,
was mancher nicht wird ahnen.
Nicht leicht zu tragen ist das Joch
am Tag der Veteranen.

Auch gibt es Sieger andrer Art,
auch hier so manche fallen.
Ein Kämpfer voller Lieb, so zart,
errang den Sieg für alle.

Er starb am Kreuz auf Golgatha,
für unser aller Sünden.
Wer dies erkennt, was hier geschah,
kann glaubend überwinden.

Dies ist der liebe Gottessohn,
der an dem Kreuz gestorben.
Er hat für uns als wahren Lohn
das Himmelreich erworben.

Der größte Schatz

In einem Haus beim Renovieren,
da wurden Goldmünzen entdeckt.
Vor langer Zeit, als in Gefahren,
hat sie ein alter Mann versteckt.

Die Münzen zeigen noch das Bildnis
des Königs Ludwig von der Zeit.
Groß war die Freude jenes Finders,
die Hälfte stand für ihn bereit.

Der Schatz zählt eine große Summe,
wie glücklich muss der Mann doch sein.
So plötzlich unerwartet komme
er aus der Trauf' zum Sonnenschein.

Noch größer ist die Freud für alle,
die Gottes Wort befolgen treu.
Die daran finden Wohlgefallen,
mit Gott verkehren täglich neu.

Der Anfang kam auch unerwartet,
manch einen hat es überrascht.
Noch gar nicht längst so unbeachtet,
ein Schatz, der allen Kummer löst.

Wie glücklich, wer solch' Schatz gefunden,
der mehr als Gold und Silber wert.
In ihm die Seele kann gesunden,
wird einst vom Herren hoch geehrt.

Und dieser Schatz ist in der Bibel,
er zeugt vom Reichtum seiner Macht.
Wer ihn besitzt, entflieht dem Übel,
durch Todesnacht zum Licht erwacht.

Trinke aus dem Lebensborne

„Wer mein Fleisch isset und trinket mein Blut,
der hat das ewige Leben und ich werde ihn am
Jüngsten Tage auferwecken."

Johannes 6,54

Wie sich treffen Geier – Rabe,
spricht der Geier: „Sage an,
warum lebst du hundert Jahre,
ich nur dreißig leben kann?"

„Weil: Du tötest junges Leben,
ich nur fresse, was längst starb."
„Das sei ferner auch mein Streben,
nähren mich von solcher Gab'."

Sind dann über Land geflogen
und erblickten ein Geripp'.
Enger ihre Kreise zogen,
zu der Beute war ihr Blick.

Schon mit Eifer hackt der Rabe
freudig an dem schönen Fund,
doch der Geier sagt ganz leise:
„Solche Speis' ist ungesund!

Lieber will ich ferner trinken
von dem warmen, süßen Blut,
wenn auch früh ins Grab muss sinken,
find ich doch das Leben gut."

Freuden, die die Welt kann geben,
werden bald wie Spreu verweht.
Such das Heil, von Gott gegeben,
das in Ewigkeit besteht.

Trinke aus dem Lebensborne,
der vom Kreuze für dich quillt.
Richt den Blick zu jener Ferne,
die den Kummer ewig stillt.

Zu des Himmels Herrlichkeiten,
wo die Lebenspalmen blüh'n,
wo auf goldnen Gassen schreiten,
die Erlösten heimwärts ziehn.

An Gottes Hand

Ein Prediger wie Salomo,
voll Weisheit, reich an Schätzen,
im Glauben fest, getreu und froh,
nichts konnte ihn verletzen.

Ein großes Werk - der Tempelbau,
wurd' herrlich ausgestaltet.
Sein' Reichtum stellte er zur Schau,
pflanzt' Bäume aller Arten.

Doch was sagt er zu guter Letzt? -
Dies alles wird vergehen!
Der ird'sche Reichtum nicht ersetzt,
was wir im Himmel sehen.

Wer hier sein Ziel auf Dinge setzt,
die sichtbar sind – vergehen,
der hat das ewge Heil verschätzt,
kann nicht vor Gott bestehen.

Es ist ein Haschen nur nach Wind,
ein leeres hohles Leben.
Den wahren Lebensweg nicht find't,
vergeblich all sein Streben.

Und darum sagt auch Salomo:
Wer fragt nach Gottes Willen,
der wird im Glauben frei und froh,
Gott wird sein Sehnen stillen.

Wer diese Freude hat erkannt
in Gottes Geistesfülle,
kann mutig ziehn an seiner Hand
und alles tragen stille.

Durch Leiden zu Freuden

Manche Christen wollen sagen,
Krankheit ist nicht Gottes Will'.
Darum muss auch, ohne Frage,
das Gebet bringen zum Ziel.

Selber Jesus dazu sagte,
Krankheit ist der Sünde Fluch.
Wenn er Menschen Heilung brachte,
zeigte er die Ursach' auch.

Oft die Krankenheilung diente
zum Verkünden Gottes Wort,
wo auch immer er verweilte,
heilte Seelen allerort.

Wundertaten zu verteilen, -
das war Gottes Absicht nicht.
Vielmehr wurde durch sein Heilen
auch die Seel' gestellt ins Licht.

Gott lässt Krankheiten gewähren,
dass der Mensch es nicht vergisst,
wem gebührt die wahre Ehre,
wer hier der Erlöser ist.

Durch die Krankheit will er ziehen
näher uns ans Vaterherz.
Wenn wir oftmals müßig ruhen,
lässt er spüren uns den Schmerz.

Darum bringet Gott die Ehre,
auch wenn Krankheit niederdrückt,
dass der Glaube sich vermehre
und die Seel wird' reich beglückt.

Für Schiffbrüchige

Ein Kapitän, der viel gereist,
wollt' einen Anzug machen,
der Hilfe jedem Mann erweist,
der's nicht allein kann schaffen.

Der Anzug soll aus Gummi sein,
mit Korkgürtel umgeben.
Wer in das Wasser fällt hinein,
den soll er aufwärts heben.

Am Fußende ein Bleigewicht,
um aufrecht ihn zu führen.
Am Kopf ein Fähnchen und ein Licht,
das soll signalisieren.

Auch Trinkwasser soll sein dabei
und Nahrungsmittel reichlich.
Noch Tabak, Pfeife, Arzenei
und andres sondergleichen.

Natürlich ist es immer gut,
zum Notfall vorbereiten.
Doch was man übertreiben tut,
bringt oftmals nur zum Scheitern.

Wenn es im Leben Schiffbruch gibt, -
sind wir dazu bereitet?
Wenn Sünd auf Sünde uns betrübt,
auf Schritt und Tritt begleitet.

Vertrauen wir auf eig'ne Kraft,
die uns nicht immer rettet?
Vielleicht dass es ein and'rer schafft,
der uns dann Schutz erstattet.

Wenn näher kommt das Lebensend,
versagt jed' Menschenhilfe,
hier helfen nur des Heilands Händ',
dass er uns nimmt im Griffe.

Traut ihm des Schiffleins Ruder an
bei Lebenszeit auf Erden,
damit er uns recht führen kann,
um so gerecht zu werden.

Dann sind wir niemals nicht allein,
ihm können wir vertrauen.
Wenn dann zum Himmel gehen ein,
den Heiland werden schauen!

Ein guter Name

Nicht schwer, zum Spott der Menschen fallen,
schon macht ein Sprichwort man daraus.
Ein unbedachtes Wort nur lallen
und schon fliegt's in die Welt hinaus.

Sobald es jemand hat gesehen,
stellt er sich als der klügste Held.
Schnell ist es hier um dich geschehen,
dein Ruf im Nu im Staube fällt.

Ein Schatten deckt den wahren Namen,
bezweifelt deine Ehrlichkeit.
Der Schatten ist voran gegangen,
bald folgt die Unwahrscheinlichkeit.

Der Weise sagt es aus Erfahren,
ein guter Name kostet viel.
Wer seinen Namen kann bewahren,
kommt wahrlich auch zum guten Ziel.

Gerechtigkeit und Frieden

Ein Christ erzählt von Gottes Segen:
Am Bahnhof traf ich einen Mann.
Ich hielt ihm ein Traktat entgegen,
doch leider nahm er es nicht an.

> Um eine Stund' sah ich ihn wieder,
> wie schön, dass wir schon sind bekannt.
> Beschämt senkt er den Blick jetzt nieder,
> sein Ohrläppchen hält in der Hand.

Was ist denn bloß mit dir geschehen? -
Das hat die Polizei getan.
Wir kamen her zu protestieren
wegen der Sicherheit fortan.

> Zur Schlägerei ist es gekommen.
> Die Polizei behielt das Recht.
> Hier haben wir es erst vernommen:
> Gewalt bringt wahren Frieden nicht.

Du selber brauchst den wahren Frieden,
den gibt es nur durch Jesus Christ.
Wenn nicht in ihm dein Heil beschieden,
du dem Gericht verfallen bist!

> O komm zu ihm mit deinen Sünden,
> klag ihm dein Leid, so wie du bist.
> So wirst du Ruh und Frieden finden
> und wirst fürwahr ein frommer Christ.

Noch lange haben wir gesprochen,
bis endlich brach das stolze Herz.
Nun konnte freudig er auch hoffen,
Gott hat erhört der Seele Schmerz.

> Wohl nicht umsonst bist du gekommen,
> den Frieden zu erkämpfen recht.
> Fürwahr, ich hab den Sieg genommen!
> Gott ist getreu, Gott ist gerecht!

Der Weg zum Vaterhause

Zur besten Burg im deutschen Reich
gehört die Burg von Eltzen.
Sie ist an Schönheit keiner gleich,
in Brüderlieb verschmolzen.

Drei Stämme bilden den Besitz,
im Friedensbrief vereinet.
Und dieser Brief, ein wahrer Schutz,
dass hier kein andrer wohnet.

Nur wer dazu geboren, darf
die Burg zum Wohnort wählen.
Der Friedensbrief befolgt sehr scharf,
wer hier als Bürger zählet.

Wer einziehn will ins Vaterhaus,
das Gott für uns bereitet,
muss nicht vom Adel gehen aus,
doch von dem Geist geleitet.

Er muss von neu geboren sein,
wie Jesus es erklärte,
als zu ihm kam bei Lichtesschein
ein Mann, der andre lehrte.

Nur die mit Gott im Frieden steh'n,
gewaschen in dem Blute,
zur Herrlichkeit werden eingeh'n,
genießen von dem Gute.

Der Friedensbrief ist Jesus Christ -
der Weg zum Vaterhause.
Er führt, der ihm vertrauet ist,
zum Ziel durchs Weltgebrause.

Neue Gesetzestafel

Auf steinerne Tafeln geschrieben
hat Gott das Gesetz für sein Volk.
Doch wurde es später vertrieben,
weil sie dem Gebot nicht gefolgt.

Sie hatten es wohl treu versprochen,
zu folgen, was Gott hat verlangt,
doch haben die Treue gebrochen
und wurden dafür auch versandt.

So sind die Jahre hingegangen,
doch nichts hat den Erfolg gebracht.
Nur tiefer in der Sünd gefallen,
verirrt in Finsternis und Nacht.

Dann ist der Heiland selbst gekommen,
in diese sündverlorne Welt.
Die Hirten haben es vernommen,
ein Licht, das auch die Nacht erhellt.

Im Herzen will das Christkind wohnen,
dein Führer und Begleiter sein.
Er wird es reichlich auch belohnen,
wenn wir einst zieh'n zum Himmel ein.

Ein neu' Gebot ist uns gegeben,
von unserm Heiland Jesus Christ.
In Ewigkeit die sollen leben,
wer hier sein Herze ihm aufschließt.

Nein, nicht auf Steinen steht geschrieben,
doch in den Herzen fein und schlicht,
dass deinen Nächsten du sollst lieben,
auch deinen Bruder hassen nicht.

Wenn die Stunde naht

Im Krankenhaus, auf'm Sterbebett,
lag einer Mutter lieber Sohn.
Es naht die letzte Ruhestatt,
zu spät war jede Hilfe schon.

Dies hat der Kranke auch erkannt,
schickt sich zur letzten Reis' sofort.
Spricht, zu der Mutter hingewandt:
Auf meinem Grabstein schreibt solch' Wort:

„Seht, welche Liebe hat erzeigt
der Vater uns hinieden schon.
Ein Gottes Kind den Sieg erreicht,
wenn es versöhnt mit Gottes Sohn."

Die Mutter bei der Hand ihn nimmt
und über ihn sich beuget tief.
„Still! Still! - Er kommt, der Heiland kommt!"
Mit diesen Worten er entschlief.

Die Gnade hat ihn heimgebracht,
als Sieger schritt durch's Perlentor.
Nun ist vorbei die dunkle Nacht,
ihn froh begrüßt der Engelchor.

Der Herr erlöset seinen Knecht
und alle, die auf ihn vertrau'n.
Durch Christi Blut sind sie gerecht,
mit Freuden dort den Heiland schau'n.

So lasst uns tragen mit Geduld
das Kreuz, das er uns zugedacht.
Sind wir befreit von Sündenschuld,
erschreckt uns keine Todesnacht?

Zufriedenheit

Es kamen einst zwei Mäus' zusammen,
die Feldmaus und die aus der Stadt.
Die Stadtmaus spricht: „Es ist zum Jammern,
so höre doch auf meinen Rat."

 „Was willst du hier in Armut leben,
 ich hab doch Speis' im Überfluss.
 Kann Würste, Käse, Speck dir geben,
 auch Fleisch in Füll' zum Wohlgenuss."

Die Feldmaus ist dann mitgegangen,
sie zogen ein ins schöne Haus.
Dort war von allem nach Verlangen,
fürwahr ein echter Mäuseschmaus.

 Doch horch, da rumpeln schon die Schlüssel,
 der Kellner tritt zur Tür herein.
 Die Stadtmaus schlüpft ins Loch beflissen,
 die Feldmaus weiß nicht aus noch ein.

Als dann die Not war überstanden
die Stadtmaus spricht: „Hab guten Mut!"
„Nein!", spricht die Feldmaus, „ich werd künden,
im freien Feld, da hab ich's gut.

 Bei deinen schönen Leckerbissen,
 schwebst stündlich du doch in Gefahr.
 Viel lieber möcht ich das vermissen
 und ohne Ängste sein fürwahr."

Dies könnte uns auch sein zur Lehre,
denn Eitelkeit führt schnell dazu;
wer strebt nach Reichtum, Schätze, Ehre,
find't nie die wahre Seelenruh.

 Zufrieden sein und dankbar leben
 in Gottes lieblichen Natur,
 kann mehr als „Wurst und Wein" dir geben,
 vertrau auf Gott und glaube nur!

Ein Lotsmann

Ein Lotsmann, der schon viel erfahren,
wurd' einst von einem Mann gefragt:
„Nach allen diesen vielen Jahren
hast oft dein Leben du gewagt.

Du kennst wohl alle Felsenriffe
und jede Sandbank in dem Meer?
Führst all die großen Meeresschiffe
durch große Brandung sicher her."

„O nein! Ich kenn die Wasserrinnen,
die Tiefen, die fürs Schiff genügt'.
Wenn erstmal Unwetter beginnen,
dann wird ein Lotsmann ernst geprüft."

Auch wir nicht kennen die Gefahren,
manch Riff mag uns verborgen sein,
doch Gottes Wort will uns bewahren,
es zeigt den Weg uns klar und fein.

Wie gut, wenn wir die Schriften kennen,
von Kindheit an gelernt, gepflegt.
Dann werden wir den Kampf gewinnen,
wenn listig uns der Feind anficht.

Von Gottes Segen treu begleitet,
zieh'n wir getrost die Lebensbahn.
Gott hat für uns schon längst bereitet
ein Heim im sel'gen Kanaan.

Dies sollte uns im Glauben stärken,
ob auch noch mancher Sturm uns droht.
Wenn einst vollendet unsre Werke,
zieht ein im Hafen unser Boot.

Unser Leuchter

Gesegnet sei der weise Mann,
der liest mit Herz und Seele
das heil'ge Buch von Kanaan,
wo der Gesetze viele.

Hell leuchte es in Einsamkeit,
dass nie erlöscht des Tages Licht.
Der Traum von aller Ewigkeit
aus unsern Herzen weiche nicht.

Dass es an Mut uns nie gebricht,
erfüllt vom Heil'gen Geiste,
der uns in Lieb und Sanftmut zeigt
den Weg auf unsrer Reise.

Oft wird man lau und müde gar, -
Entflamme, Herr, die Herzen!
Dass mit der großen heil'gen Schar
hell leuchten unsre Kerzen.

Gib neuen Mut und Lebenskraft,
zu geh'n auf rechtem Pfade.
Wenn oft die Weltlust uns noch ruft,
wir leiden keinen Schaden.

Lass unsern Weg erleuchten hell
dein Wort, ein Licht der Wahrheit.
Nicht fallen in Versuchung schnell,
das Kreuz stets seh'n in Klarheit.

Das einst wir am kristallnen Meer
ein neues Loblied singen.
Mit der erlösten sel'gen Schar
dir Dank, Anbetung bringen.

Hebet eure Häupter auf

Glaubt nicht blindlings Träumereien,
hebet eure Häupter auf.
Schaut auf die, die sich hier freuen,
folget ihrem Lebenslauf.

Schreitet vorwärts fest im Glauben,
nehmt das Leben, wie es ist.
Was im Erdengrund begraben,
wartet der verheißnen Frist.

Lasst die Hoffnung niemals sinken,
eh sie reif geworden ist.
Reicht die Hände, die ertrinken,
eh die Gnadenzeit entfließt.

Schenkt mit Glauben, Hoffen, Harren
euer Streben frohen Sinn.
Treu des Geistes Schatz bewahren
als ein himmlischer Gewinn.

Denen, die mit Augen sehen
und mit Ohren lauschen still,
die im Geist der Wahrheit flehen,
frei erkennen Gottes Will'.

Die nicht schweigen in der Wüste,
auf dem Land und auf dem Meer,
die als Zeugen stehen feste,
bringen Gott, dem Schöpfer, Ehr'.

Tragt die heilge Botschaft weiter
durch die Stürme dieser Zeit.
Steht als treue Gottesstreiter
für den Dienst des Herrn bereit.

Immer noch gebraucht

Man hört so manchmal Leute klagen:
„Ich bin zu nichts mehr in der Welt,
kann keine Lasten nimmer tragen,
bin arm und elend gar bestellt."

Die Heilge Schrift gibt darauf Antwort:
Noch ist dein Tagwerk nicht vollbracht.
Hat stillgelegt der Herr dein Handwerk,
so zeug von seiner Liebesmacht.

Dass noch gar viele Sünder kommen
zum wahren Seelenhort - zum Heil.
Dass sie die Werke seh'n der Frommen,
noch manchen werd die Gnad zuteil.

Welch ein Beruf, welch edle Arbeit,
Gott schenkt zuletzt die Sabbatruh'.
Bezeug mit Kraft die reine Wahrheit,
dann bist ein Streiter Christi du.

Ein Zeugnis kannst du selber geben,
mit deiner Gegenwart bezeug.
Bist nicht geschickt zum guten Reden,
kannst wahrlich beten noch mit Freud.

Auch wenn die Altersschwäche kommen,
zeig Ruhe und Geborgenheit.
Das ist der Ehrenpreis der Frommen,
die Demut führt zur Seligkeit.

Dass auch die Jungen es bedenken
und lernen ihre Pflicht beizeit'.
Ihr Lebensziel zum Himmel lenken,
der Weg, der führt zur Ewigkeit.

Reine Gefäße

Viel' Gefäße kann man sehen
in den Häusern hier und dort.
Groß' und kleine sieht man stehen,
zum Gebrauche allerort.

    Manche hält man hoch in Ehren,
    glänzen, funkeln wie aus Gold.
    Andre möcht man nicht berühren,
    doch im Umgang auch gewollt.

Ein Gefäß zu Gottes Werke
sind auch wir zur Zeit bestellt.
Welches tragen wir, Freund, merke,
ist es rein, vom Licht erhellt?

    Womit ist es angefüllet,
    sind es Sorgen dieser Welt?
    Habgier, die man nimmer stillet,
    wenn das Herz nur strebt nach Geld?

Nur wer rein und Gott befohlen
sein Gefäß in Ehren hält,
wird's an Weisheit niemals fehlen,
solch Gefäß dem Herrn gefällt.

    Gerne möcht er es gebrauchen,
    schon in früher Jugendzeit.
    In die Liebe Gottes tauchen,
    dass zum Dienen es bereit.

Wer vor Gott kann rein bestehen,
sein Gefäß in Ehren hält,
wird die Wunder Gottes sehen,
weil sein Herz vom Geist erfüllt.

    Ohne Runzel, ohne Flecken,
    solch Gefäß Gott gern möchte' sehn.
    Seine Segenshand wird's decken,
    dass es kann vor Gott bestehn.

Mutter, die Gärtnerin

Kinderherzen sind ein Garten,
Mutter, du die Gärtnerin.
Lern in Demut sie zu warten,
reichlich streu den Samen hin.

Mache ihnen groß die Liebe
Jesu Christi allezeit.
Sie im Glauben stündlich übe,
dass zu folgen sie bereit.

Dass die Ernte reich gedeihe
in manch jungem Kinderherz.
Täglich neuen Samen streue,
richt' die Blicke himmelwärts.

Habe Acht auf deine Wege:
Wem hast du den Pfad erhellt?
Wem erwärmt mit deiner Pflege,
wie das Ackerfeld bestellt?

Heute stehst du auf der Höhe,
schau zurück aufs Arbeitsfeld,
dass mit Gottes Kraft aufs neue
sich manch Kinderherz erfüllt.

Gott wird reichlich es belohnen,
nicht vergebens ist die Müh.
Darum keine Kräfte schone,
streu den guten Samen früh.

Dann wirst du in später'n Jahren
deine Freude haben dran
und mit Stolz kannst du dann sagen:
„Mein Werk war für Gott getan!"

Weggeworfener Stab

Zwei Freunde einst im fernen Rom
besuchten eine Galerie.
Ein Bild zeigt hier den Gottes Sohn,
ein Blinder beugt vor ihm die Knie.

> Was scheint dir hier bemerkenswert?,
> fragt ihn sein Freund, ein frommer Christ.
> Ich acht', sein Antlitz wird geehrt,
> weil Er die Hoheit selber ist.

Mir scheint das andre wichtiger.
Du denkst an die Apostole.
Dies alles ist doch nichtiger.
Ist's denn der Blinde voller Wehn?

> Das eine, was mir wichtig scheint:
> der Stock, der auf der Erde liegt.
> War er doch treu mit ihm vereint,
> weil er sich seiner Führung fügt.

Der Blinde warf ihn von sich fort,
noch eh die Bitt' ihm wurd' gewährt.
Er traute fest auf Gottes Wort,
als ob ihm Jesus schon erhört.

> Dies hat der Maler recht erkannt,
> der Glaube muss ein echter sein.
> Er streckt zum Herrn die leere Hand,
> die Hilfe ist bei Gott allein.

Des Blinden Bitte wurd' erhört,
er brauchte keine Stütze mehr.
Er dankt und preist: Gott sei geehrt!
Teilt seine Freud mit andern hier.

> Wie viele Menschen zweifeln noch,
> sie bitten Gott um Fried und Gnad.
> Sie möchten sein wie jener auch,
> doch halten fest am Wanderstab.

Das Gebet

Wenn Zweifel peinigt unsre Brust,
ein Unglück unverhofft eindringt,
dann schwindet jede Freud' und Lust,
das wunde Herz im Kummer ringt.

Dann find't man Kraft nur im Gebet,
Gott öffnet weit die Himmelspfort'.
Er ist mit uns von früh bis spät,
wo wir auch sind, an jedem Ort.

So kommt das Unglück wie das Glück,
oft auch der Weg durch Prüfung führt.
Zur Höhe strebt das Herz den Blick,
manch Reueträne es berührt.

In solch' Gebet ist er auch hier,
ein lieber Vater - starker Held.
Er ist das Leben, ist die Tür,
begleitet uns durch diese Welt.

Mit Jesum zieh'n wir unsre Bahn
durch Bosheit, Niederträchtigkeit.
Wie tröstend, wenn durch seine Gnad
schenkt unserm Geiste Freudigkeit.

Das Herz gebeugt, sinkt auf die Knie,
bringt ihn den Dank für seine Treu.
Ja, Jesus, er verspätet nie,
schenkt Kraft für jeden Morgen neu.

So zieh'n wir freudig ein und aus,
wir sind getrost und zweifeln nicht.
Sein Segen füllt das ganze Haus,
der Herr ist unsre Zuversicht!

Blicket auf

O hebet eure Häupter auf
und lasst die Träume schwinden.
Was längst vollendet seinen Lauf,
ist nimmermehr zu finden.

Was in der kühlen Erde ruht,
wird nie zurück mehr kehren.
O rafft euch auf, fasst neuen Mut,
lasst eure Stimme hören.

Was uns von Gott gegeben heut,
das nützet und vermehret.
Zu seinem Dienst es sei geweiht,
damit er sei geehret.

Geht vorwärts und schaut nicht zurück,
folgt seinem Ruf und Schalle.
In seiner Liebe find ihr Glück
auch in dem finstern Tale.

Unendlich reiche Schätze sind
auf jenen grünen Auen.
Wer nicht der Weltlust trauet blind,
der wird die Wunder schauen.

Gott hat den Ruheort bereit,
für die im Glauben harren.
Wer ihn erwählet zum Geleit,
den wird Er treu bewahren.

Blickt auf im Glauben, übet Fleiß,
zu steh'n als Überwinder.
Halt't Schritt, wir sind noch auf der Reis'
als wahre Gotteskinder.

Aus der Zelle

Schon der Frühling klopft ans Fenster
in mein dunkles Kämmerlein.
Frühe wird es hier schon finster,
kaum ein Lichtschein fällt herein.

In der Freiheit blüh'n die Blumen,
Honigduft erfüllt die Luft.
Froh zu Gottes Ehre singen
Jugendliche voller Lust.

Gottes Ehre zu verkünden,
sing auch ich in meiner Zell'.
Doch im Geist ich mich befinde
dort mit euch, wo's Licht scheint hell.

Ob auch grau schon meine Haare
und die Kräfte nehmen ab,
mit den Christen, jungen Scharen,
bin im Geist ich bis zum Grab.

Lasst die heilgen Lieder schallen,
frei hinaus in alle Welt,
dass die Botschaft weithin walle,
wo es finster ist und kalt.

Keine Kerkermacht kann schrecken
noch verlocken mit Betrug.
Müde Herzen neu zu stärken,
Möglichkeiten gibt's genug.

Euer Glaube - meine Stütze,
möcht auch gerne hören heut,
wie Gott seine Kinder schütze,
die zu folgen ihm bereit.

(Übersetzt aus dem Russischen)

Richte deine Augen auf ihn

Ein Künstler auf der Staffelei
hielt eine Anzahl Edelsteine.
Sie funkelten im Glanz dabei
so köstlich alle - groß und kleine.

> Manch Kunde vor Bewunderung
> Fragt, warum sie an diesem Orte?
> „Oft steht Gefahr, dass Milderung",
> hört man des Künstlers traute Worte.

„Dass auf der Leinwand Farben bald
verlieren ihren Glanz und Scheine.
Wenn ein Brillant im Auge strahlt,
der scharfe Blick fällt auf die Leine."

> So kann vergleichen er sein Bild
> mit diesem Glanz der Edelsteine
> und immer wieder ist gewillt
> zu prüfen, wie sein Bild erscheine.

So auch im Leben manch ein Christ
steht in Gefahr, sein' Blick zu mildern,
wenn mit Verlockungen und List
der Feind bestrebt ist, dich zu hindern.

> Der Glanz des Kreuzes soll allein
> vertrauend Herz und Leben stärken.
> Dein Tun und Handeln soll stets sein
> ein Streben nur nach guten Werken.

Schau in sein teures Angesicht,
dass nie dein Seelenaug' verdunkle.
Hab stets den Blick auf ihn gericht't,
dass dir sein Kreuz beständig funk'le.

> Die geistliche Auffassungskraft
> erhöht und stärkt den wahren Glauben.
> Somit ist dann der Sieg geschafft,
> du bist dem Fluch der Erd' enthoben.

Seid bereit!

Unzucht diese Welt erfüllet,
oft verdeckt den Weg zum Heil.
Nie dein Sehnen wird gestillet,
wenn nicht Jesus Christ dein Teil.

    Wütend tobt des Sturmes Brausen,
    schlägt die kahlen Äst' am Baum.
    Jeder eilt zum sichern Hause,
    sucht ein' Schutz im trauten Heim.

Auch der Wald unheimlich rauschet,
dunkle Wolken zieh'n einher.
Alles Lebewesen lauschet
auf des Schöpfers Walten hier.

    Große Tränentropfen fallen
    aus dem dunkeln Wolkenmeer.
    In den Bergen widerhallen
    Windesböhen immer mehr.

Auch das Menschenherz in Trauer
sieht das Scheiden der Natur,
wie der Vogel aus dem Bauer
flog weit über Berg und Flur.

    Ja, wir müssen einmal scheiden
    aus dem Leben dieser Zeit.
    Sorget, dass ihr dann mit Freuden
    seid zur Sterbestund' bereit.

Seid nicht kindisch in dem Glauben,
doch habt Glauben wie ein Kind.
Lasset euch den Mut nicht rauben,
seid auch nicht im Geiste blind.

    Schnell kann alles sich hier wenden,
    sucht das Heil bei guter Zeit,
    dass ein selges Lebensende
    führe hin zur Herrlichkeit!

Glaubensstreiter

Wir sind ein Dorn im Auge
für Satans Heeresmacht.
Es zeugt der wahre Glaube
von Gottes heilger Pracht.

Als Leuchtturm stehn für viele
in Gottes ewgem Licht.
Sein Wort führt uns zum Ziele,
wir trau'n und zweifeln nicht.

Der Glaube - unsre Feste,
auch wenn die Sonne sinkt.
Dann preisen wir aufs beste,
dem, der das Leben lenkt.

Ob man auch höhnisch spottet,
mit Finger auf uns zeigt,
zuletzt wird nur gerettet,
der von der Liebe zeugt.

Sein Blut hilft überwinden
auch manches trotzig' Herz.
Bei ihm ist Ruh zu finden,
es lindert jeden Schmerz.

Er schenkt dem Herzen Weisheit,
dass es froh jauchst und singt.
Sein Wort, die reine Wahrheit,
durch alle Mauern dringt.

Drum, Seele, halte feste
an dieser starken Hand.
Sie führet dich aufs beste,
zum selgen, ewgen Strand.

Wahre Christenstreiter

Einst in Bethlehem geboren,
führt sein Weg nach Golgatha.
Ward von Gott selbst auserkoren,
schaut, was dort am Kreuz geschah!

Mächtig kämpfen seine Streiter,
breiten aus das heil'ge Wort.
Tragen froh die Botschaft weiter,
hin zu jedem fernen Ort.

Die im Glauben kämpfen, streiten,
sollen nicht erschüttert sein.
Die beizeiten sich bereiten,
leuchten in des Glanzes Schein.

Selbst der Herr hat sie gezeichnet,
führt sie auf den Lebensweg,
dass nicht eine Seel abweichet,
die sein' Ebenbildnis gleich.

Wenn erheben sich die Wogen,
stehn sie fest auf Felsengrund.
Nichts kann stören diesen Glauben,
Gott führt sie zu jeder Stund.

Christus hat den Weg gebahnet,
ob's auch geht durchs Weltgewühl.
Wer treu kämpft, die Kron' erlanget
dort, am lang ersehnten Ziel.

Halleluja wird's dann schallen,
kehret ein zur ewgen Ruh.
Zu des Heiland's Wohlgefallen
nehmt als Sieger Ehr und Ruhm!

Wie wird's uns sein?

Es ist die letzte Stund' gekommen,
habt ihr den Ruf noch nicht vernommen?
Bereit zum Antritt stehn die Scharen,
die auf des Herren Kommen harren.

Lass uns're Augen nicht verdunkeln,
wie Sterne in der Nachtwach' funkeln.
Stets Ausschau halten mit den Frommen
und warten auf des Heiland's Kommen.

Die Straß' mit Stern' gepflastert mächtig,
das Himmelsblau erstrahlet prächtig.
Schnell ist die Wartezeit verronnen,
dann wird der Heiland wieder kommen.

Wenn seine Stimm' wir werden hören,
wird er den Erdenleib zerstören.
Ein jeder Fleck wird weggenommen,
wenn Jesus selbst wird wieder kommen.

Wie wird es sein, mit ihm zu wohnen,
dort auf des Himmelshöhen thronen?
Wenn tausend Halleluja schallen,
in Ehrfurcht wir dann niederfallen.

Anbetend vor dem Throne stehen
und Gottes Herrlichkeit dann sehen.
Von allem Erdenweh entnommen,
wie werden jauchzen alle Frommen!

Die Zeiten sind dann weggenommen,
wir sind für ewig angekommen.
Wer kann die Wahrheit recht ergründen,
Erlöst - befreit von allen Sünden!

Im Alter

Wenn die Lebenskräfte scheiden
und das Alter rückt heran,
bleiben noch die Himmelsfreuden
dem, der treu sein Werk getan.

Ja, nicht leicht ist hier das Wandern
auf der sündbelad'nen Erd.
Ist der Weg doch voller Dornen,
führt durchs Meer mit viel Beschwerd'.

Auch in diesem Schattentale
blüht die Saronsrose hell.
Auch im Leiden gibt es Freuden,
wenn wir halten fest das Ziel.

Hat doch Gott es selbst versprochen:
„Ich bin bei euch alle Zeit!"
Nie hat er das Wort gebrochen,
wenn zu folgen wir bereit.

Wer im Alter ohne Zagen
lauscht aufs Wort, das er gesagt,
dem wird er auch helfen tragen
durch das Tal der Todesnacht.

Wenn von Freunden wir hier scheiden,
weint das Aug' im bittern Schmerz.
Doch der Geist erfüllt mit Freuden,
schenkt uns neuen Mut ins Herz.

Wir sind Gäste nur auf Erden,
unser Ziel ist jenes Land.
Dass wir Himmelsbürger werden,
halten fest wir seine Hand.

Auf dem Schlachtfeld

„Siehe, wir kommen zu dir…"

(Jeremia 3,22)

Auf dem Schlachtfeld schwer verwundet,
ringt ein Kapitän im Tod,
als ein Gläubiger ihn findet,
liebend seine Hand ihm bot.

> „Seid ihr Jesum schon begegnet,
> seid zum Sterben ihr bereit?
> Hat er einstmals euch gesegnet?"
> „Ja, das war vor langer Zeit!"

Schon die Augen leis' erblassen
und der Tod ist nicht mehr weit.
„Wann war's, als du Gott verlassen?
Denk zurück an jene Zeit!"

> Doch er schweigt, die Sinne schwinden,
> laut der Bruder betend spricht:
> „Jesus, hilf ihm überwinden,
> schenke noch ein Lebenslicht."

Und ein Hoffnungsstrahl entflammet
einmal noch sein Angesicht.
So mit leiser Stimm' er stammelt:
„Lieber Gott, verlass mich nicht!

> Müde bin ich, geh zur Ruh,
> schließe meine Augen zu…
> Vater, hab mit mir Geduld
> und vergib mir meine Schuld!"

Zu der Kindheit Jahre ferne
war er noch zurückgekehrt,
wo die liebe Mutter gerne
ihn sein erst' Gebet gelehrt.

Eine Schwester im Kerker

Zum Glück, zur Freiheit sind geboren
wir in der wunderschönen Welt.
Nun sind im Kerker wir verloren,
wo's wahrlich niemandem gefällt.

Wir sprachen von dem Licht der Wahrheit,
auch führten Sünder Jesum zu.
Dann sagte man in aller Klarheit:
„Volksfeinde seid ihr, ohne Ruh."

Wie Lilien unter Dornen blühen,
ist auch der Kindergottes Teil.
Die Herzensliebe treu versprühen,
dass noch manch Sünder werde heil.

Seht, wie das Lebenswasser quillet
aus einem Brünnlein hell und rein.
O komm zum Heiland, der dich füllet,
dass Herz und Seel sein Eigen sei'n.

Wenn wir auch nur in Schwachheit leuchten,
wird doch das Dunkle um uns licht,
damit manch Sünderherz erweichet
und bleibet in der Sünde nicht.

Wir sehen wohl die lichten Weiten,
doch sind im Käfig wir verschanzt.
Wir wollen hier geduldig leiden,
auch Jesus trug den Dornenkranz.

So ist das Los uns zugefallen,
zu pilgern durch dies Erdental.
Im Himmel werden leuchten alle,
die hier für Jesum litten Qual.

Was schadet unser Seelenheil?

„Was zum Munde eingeht, das verunreinigt den
Menschen nicht; sondern was zum Munde ausgeht,
das verunreinigt den Menschen."

(Matthäus 15,11)

Was schadet unser Seelenheil?
Was bindet uns auf Erden?
Wem wird die Gottes Gnad zuteil,
wer kann gerettet werden?

    Nicht wird verunreinigt die Seel
    von dem, was wir hier essen.
    Doch bringt der Seele Schaden viel,
    wenn wir den Nächsten hassen.

Ein leer' Geschwätz und Hinterlist,
Betrug, Verrat und Hader,
Verleumdung, Bosheit, Eifersucht
kann uns'rer Seele schaden.

    Dies alles wird einst offenbar,
    von Gottes Licht durchleuchtet;
    wenn vor dem Throne hell und klar
    der Schuldbrief wird geöffnet.

Am Kreuze starb der Gottessohn,
er trug für uns die Sünden.
Sein Blut gab er für uns als Lohn,
damit wir Frieden finden.

    Er reinigt, wer ihn anerkennt,
    in seiner Wahrheit kleidet.
    Die Seinen dann beim Namen nennt,
    wenn er als Herr erscheinet.

Drum lasst uns tapf're Kämpfer sein,
das Böse hassen, meiden
und mit ihm zieh'n zum Himmel ein,
zu ewig selgen Freuden.

Weihnachtsfreuden

Sehnsuchtsvoll wir schau'n nach oben,
warten auf das ewge Heil,
wollen danken ihm und loben,
doch wem wird die Gnad zuteil?

Von der Kindheit süßen Träumen
denkt man an Vergangenheit.
In des Himmels weiten Räumen
glänzen nur die Sternlein heut.

Suchet nicht im Weltenalle,
Jesus ist in unsrer Mitt'.
Gab er doch sein Blut für alle,
die zu folgen ihm bereit.

Als ein Bruder er erschienen,
ist zum Helfen stets bereit.
Uns zu trösten, uns zu dienen,
wo man ihm sein Herze weiht.

Noch steht er an unsrer Türe,
klopft und wartet: „Lass mich ein!"
Fasse auf die reine Lehre,
trüg ihn nicht mit äußer'm Schein.

Fall in Reu' und Buße nieder
an sein Kripplein wie die Hirt'.
So erneut das Herz er wieder,
seine Gnad zuteil dir wird.

Fried und Freude füllt dein Herze,
du wirst jubilieren laut.
Er nimmt weg der Seele Schmerzen,
wer sich ganz ihm anvertraut.

Saat und Ernte

Im Wind des Spätherbst eingesät,
die Halme wiegen früh und spät.
Sie harren schweigend ernteschwer,
die Mäher ziehen bald daher.

Die reiche Frucht wird eingebracht,
das Herz vor Freude jubelt, lacht.
Dem großen Schöpfer Dank dafür,
er sorgt so reichlich für und für.

Gott segnet reichlich jede Saat,
doch durch der Menschen böse Tat
wird künstlich oft das Brot vernicht't,
die Hungersnot im Land erzeugt.

Dass ist die Tat der Feindesmacht,
den Frieden hat er nicht gebracht.
Wo Zwietracht, Mord und Eifersucht,
da bleibt der Acker ohne Frucht.

Wo Friede herrscht und Wohlgenuss,
da segnet Gott im Überfluss.
Da zieht man fröhlich ein und aus,
gesegnet ist das ganze Haus.

Man singt und spielt zu Gottes Ehr
und lobt den Schöpfer immer mehr.
Der Böse hat hier keine Macht,
weil selbst der Herr das Haus bewacht.

Lasst treu uns folgen diesem Stern
und rühmen Gottes Liebe gern.
Dann ist nach dieser Erdenzeit,
ein reiches Erbteil uns bereit!

Wirke, eh der Tag entweicht

Ja oder nein - du hast die Wahl,
was auch der Tag dir biete.
Das Leben ladet manche Scholl'
als Last auf dein Gemüte.

Selig, wer die Stimme höret
und dies alles schätzt für Kot.
Wer den Pflug durchs Neuland führet,
schaut empor trotz aller Not.

Schreitet über trockne Schollen,
in der Hitz' nicht weicht vom Pflug.
Seine Scheunen bald sich füllen,
Gottes Segen schenkt genug.

Zu der Mittagszeit gekommen -
„Geh in' Weinberg!" spricht der Herr.
„Alle werden angenommen,
denn die Kelter sind noch leer."

Arbeit ist noch viel zu tuen,
säume nicht, entschließ dich heut.
Warum willst du müßig ruhen,
schnell entflieht die Gnadenzeit.

Wirke, eh der Tag verrinnet,
eh erblasst der Sonnenschein.
Wer beizeit' sein Werk beginnet,
bringt auch reiche Garben ein.

Herrlich wird der Lohn einst werden,
wer sein Werk hier treu vollbracht.
Die für Gott gewirkt auf Erden,
werden strahlen dort in Pracht.

Ein heiliger Bund

„Ja, ich glaube!", hallt es wider
in der stillen Morgenstund'
und der Vögel Jubellieder
breiten aus die frohe Kund'.

Wenn der Seelenschmerz aufsteiget
zu dem lieben Vaterherz,
tröstend er sich zu dir neiget,
zeigt den Weg dir himmelwärts.

Wer da glaubt, der wird erfüllet
mit des Heilgen Geistes Kraft.
Herzenshunger wird gestillet
und ein neues Leben schafft.

Jesus hat dich auserkoren,
als geliebte Braut erkannt.
Ja, kein Feind soll nicht mehr stören
diesen Bund, der euch verband.

Weltlust soll nicht mehr verlocken,
alles ist doch eitler Schein.
Seine Hand wird treu dich decken,
Jesu Blut macht hell und rein.

Du bist zu der Quell gekommen
nach der Wüstenwanderung.
Hast das heilge Wort vernommen
wie ein süßer Wassertrunk.

Froh nun geht's der Sonn' entgegen,
alles Dunkel weicht zurück.
Gott schenkt Frieden, Heil und Segen,
hört - erlöst! Welch großes Glück!

Einigkeit macht stark

Ein Kongress wird kundgegeben,
wie viel sind's schon an der Zahl?
Sehnsuchtsvoll den Blick wir heben
zu dem blauen Himmelssaal.

Doch die Zeit, sie bleibt nicht stehen
und der Böse wirkt und schafft.
Schau zum Kreuz, was dort geschehen, -
Jesus lebt! Es ist vollbracht!

Flüchtig eilen doch die Stunden
zu dem Meer der Ewigkeit.
Wer mit Jesum überwunden,
den hat er von Sünd befreit.

Hat geheilet alle Schmerzen,
vor des Feindes Macht bewahrt,
rein gewaschen auch die Herzen,
wer in Treu hier seiner harrt.

Darum lasst uns fester schließen
unsre Reihen im Verein,
dass die Lebensströme fließen,
bringen neue Garben ein.

Täglich unsre Knie beugen,
danken, preisen Gottes Huld.
Auch mit Taten es bezeugen,
Langmut üben mit Geduld.

Schon von Ferne strahlt die Heimat,
wo wir selig ruhen aus.
In des Herren Lieb vereinet,
dort sind ewig wir zu Haus'!

Näher daheim!

Schon nicht mehr weit vom Vaterhause,
kein Nebel trübet unsern Blick.
Das Heim ist über'm Weltgebrause,
die Weltlust bleibt schon mehr zurück.

Das Bildlicht schwindet ganz bewusste,
nicht freut der Glanz des Himmelsblau.
Dem Geist nicht stören die Verluste,
das Haar schon schimmert silbergrau.

Die Freunde schwinden, Enkel kommen,
doch ist ihr Lebensblick nicht so.
Bald werden wir von hier genommen,
die Scheidestunde macht uns froh.

Das Ird'sche müssen wir verlassen,
dort unsre Lieben warten schon.
Obgleich auch Tränen oftmals fließen,
einst wischt sie ab selbst Gottes Sohn.

Das Herz entflammt vom neuen Hoffen,
wenn Frühlingszauber weht durchs Land,
dann stehn die Himmelstore offen,
selbst Jesus fasst uns an der Hand.

Er führt uns durch des Jordans Wogen
und bringt uns sicher an den Strand.
Von Erdensorgen, Schmerz enthoben,
hinüber ins gelobte Land.

So wird gestillet alles Sehnen,
auf ewig sind wir dann daheim.
Dort gibt es nimmermehr noch Tränen,
nur Freud und Wonne wird da sein.

Der einzige Weg

Das Wort vom Kreuz ist eine Torheit
für die, die hier verloren gehn.
Sie achten es nur als Gewohnheit,
die Wahrheit können nicht verstehn.

> Als Ninive die Predigt hörte,
> sie glaubten, dass es wird geschehn.
> Von weit die Königin begehrte,
> die Weisheit Salomos zu sehn.

Das Wort vom Kreuze schallt noch heute
durch alle Lande weit und breit.
O merkt doch auf, vernehmt es, Leute,
es ist der Weg, der uns befreit.

> Das Kreuz den Tod hat überwunden,
> selbst Jesus Christus, Gottessohn.
> Wer dieses Heil am Kreuz gefunden,
> entflieht der Hölle, Spott und Hohn.

Nicht Leistungsprinzip oder Klugheit
uns retten können von dem Fall.
Entscheidend ist nur, wer in Wahrheit
erkennt den Weg durch's Todestal.

> „Wer mich vor Menschen frei bekennet,
> den will bekennen ich vor Gott.
> Wer mich hier frei beim Namen nennet,
> wird einst erkannt an jenem Ort."

So sprach einst Jesus, als auf Erden
er lehrte in der Offenheit.
Dass keiner hier verloren werde,
zum Heil der Gnade kommet heut.

> Der eine Weg, das wahre Leben
> ist Jesus Christus nur allein.
> Dies Ziel lasst eifrig uns anstreben,
> um ewig dort beim Herrn zu sein!

Mein Jesus!

Jesus, meine Wonne,
meine Lieb und Treu,
heller als die Sonne
strahlet stets aufs Neu.

Er ist unsre Speise,
unser Lebensbrot,
schützt uns auf der Reise,
hilft uns aus in Not.

Gibt uns Kraft und Stärke,
wenn's an Mut gebricht,
und in jedem Werke
strahlt sein göttlich' Licht.

Darum lasst uns folgen,
stets vertrau'n dem Wort.
Heiter ohne Sorgen
wirken immerfort.

Bis der Lauf vollendet
und wir ziehen heim.
Von dem Licht geblendet,
das wird Freude sein.

Dann bleibt Schmerz uns Sorge
hinter uns zurück
und wir sind geborgen,
o, welch großes Glück!

Mit den Engelchören
singen im Verein.
Jesu Stimme hören:
„Liebes Kind, komm heim!"

Gott ist allmächtig

Die Feste zeugt von Gottes Walten,
die Himmel seiner Ehre voll.
Und alles sieht die Wundertaten,
zeigt, wie der Mensch hier wandeln soll.

Durch alle Welt es laut erschallet,
die Erde hört den Widerhall.
Die Sonne wärmt mit ihren Strahlen
erfreut die Menschen allzumal.

Wir haben dein Gebot vernommen,
es stärkt, gibt Kraft und Mut der Seel'.
Was du beschieden, unternommen,
das bringt Erfolg und ewges Heil.

Dein Wort befolgen deine Knechte,
du segnest jeden neuen Tag.
Die Bibel zeugt von deiner Rechten,
dein Werk, das reich gedeihen mag.

Vergibst uns reichlich unsre Fehler,
schenkst Kraft zur Erdenpilgerreis'.
Wir wandern über Berg und Täler
und bringen dir Lob, Ehr und Preis.

Mein Mund soll nimmer mehr aufhören,
zu loben deine große Tat.
Die Feindesmacht uns nicht mehr stören,
getreu wir folgen deinem Rat.

Dein Licht uns leuchtet aus der Ferne,
du selber gingst den Weg voran.
Wir folgen dir von Herzen gerne,
ob schwer auch ist die Lebensbahn.

Liebevoller Helfer

Öffnet, öffnet eure Herzen,
Jubel schalle in die Fern.
Zündet an die Lebenskerzen,
reiche Früchte bringt dem Herrn.

    Stehet auf und stehet feste,
    die ihr einst darnieder lagt.
    Stille schweigen war das Beste
    gegen solche Übermacht.

Stehet auf, die ihr verachtet,
Gott wird richten mit Gericht.
Dunkelheit, die euch umnachtet,
schwindet, wenn der Tag anbricht.

    Gottes Rechte werden stehen,
    er will euer Helfer sein.
    Bald die Spötter werden sehen,
    Unrecht muss doch bald vergeh'n.

Frieden will er euch bereiten,
hört die Wahrheit und sein Wort.
Frei und offen wird verbreiten,
was geheim beschloss der Rat.

    Darum jubelt, Gott ist gnädig,
    seine Lieb ist ohne End'.
    Und obgleich ihr matt und dürftig,
    Trauer wendet er in Freud.

Betet, bleibet in der Liebe,
reichlich wird einst sein der Lohn.
Ist der Tag auch rau und trübe,
herrlich wird es sein am Thron.

    Was kein Auge hat gesehen
    und kein Ohr hat je gehört,
    das hat Gott für uns ersehen,
    nimmer wird die Ruh gestört.

Scherben

Ein Blumentopf, der alt, beschädigt,
lag in der Rumpelkammer still,
doch war sein Wunsch noch nicht erledigt:
Dem Herrn zu dienen, war sein Will'.

Die Erde könnt ich noch aufnehmen
und einer Pflanze werden Heim.
Gern will ich sie in Schutz auch nehmen,
soll ich schon ganz vergessen sein?

Durch einen Spalt er konnte sehen
die Blumen in dem Garten blüh'n.
So ist es einmal dann geschehen,
der Gärtner pflanzt die Blumen um.

Die weiße Lilie war die schönste
von allen, die im Garten blüh'n.
Obzwar sie noch die Allerjüngste,
hebt stolz ihr Köpfchen zu den Höhn.

Der Gärtner steht am Morgen prüfend,
dann wendet er sich um zum Haus.
Ins Kämmerlein tritt ein und suchend
den alten Topf, - trägt ihn hinaus.

Die Freud des Topfes - schwer zu fassen,
nun endlich wird auch er gebraucht.
Doch hat die Freud ihn schnell verlassen,
zum Blumenpflanzen er nicht taugt.

Am Stein den Topf der Gärtner schmettert,
die Scherben sammelt sorglich ein.
In einen großen Topf sie bettet,
mit Erde deckt sie zu, ganz fein.

Hier wurd die Lilie eingepflanzet
und Wochen flossen drüber hin.
So sind die Scherben hier verschanzet,
gar trüb und traurig ist ihr Sinn.

Doch eines Tages, froh, ergebens,
der Gärtner lobt mit lauter Stimm':
„Der Scherben Dienst war nicht vergebens,
die Arbeit hatte einen Sinn.

Die Wassermenge sie einsogen
und gaben es der Wurzel schlicht.
Die Lilie hab ich groß gezogen,
sie strahlt und glänzt im Morgenlicht."

Zerschlag'ne und zerbroch'ne Herzen
braucht auch zum Dienst der Meister gern.
Drum klage nicht in Leid und Schmerzen,
weih dich in Demut ganz dem Herrn.

Lass ihn nur walten ohne Vorschrift,
sein' Ratschluss führt er herrlich aus.
Wer willig fügt sich seiner Herrschaft,
den bringt mit Ehren er nach Haus.

Bekennt den Herrn

„Wer nun mich bekennet vor den Menschen, den
will ich bekennen vor meinem himmlischen Vater."
(Matthäus 10,32)

In England war's, als König Wilhelms
ein festlich' Mahl bereiten ließ
und alle Hofdamen des Königs
zum reich geschmückten Tische rief.

> Ein gläubiges bekanntes Fräulein
> beim König auch in Ehren stand.
> Sie war gelehrt, sollt' auch dabei sein,
> er setzte sie zur rechten Hand.

In spottend ausgelass'ner Laune,
im Übermut der Eifer stieg.
Frau Steiny nannte er die Dame:
„Was sagen Sie dazu?" - Sie schwieg.

> Noch einmal fragt der König lauter,
> doch keine Antwort, alles still.
> Er fragt zum dritten Mal vertrauter
> und fügt hinzu: „Dies ist mein Will'!"

Sie blickt ihn an, spricht ganz besonnen:
„Der Spötter wird von Gott bestraft!"
Nun springt der König auf benommen,
gestört war dieses Festes Pracht.

> Was wird nun weiter hier geschehen?
> Der König schreitet durch den Raum.
> Solch' Frechheit hat man nie gesehen;
> Alles ist still, man atmet kaum.

Dann gibt nach einer Zeit dem Diener
ein'n Auftrag leis im Flüsterton.
Nach kurzer Zeit kehrt der dann wieder, -
an einer Kett' ein Medaillon.

Ein Edelstein von hohem Werte
und eine Kett' aus reinem Gold,
womit man nur die Größten ehrte,
so hat der König es gewollt.

Gibt ihr den Schatz mit solchen Worten:
„Sie haben heut mir was gesagt,
wofür ich euch möcht gern bewerten.
Das hat noch niemand sich gewagt!

Sie seh'n, ich weiß es wohl zu schätzen.
Ein Lob nehmt hier aus meinem Mund.
Ihr ehrt Gott mehr als alle Höchsten, -
so denkt noch oft an diese Stund'.

Und sollt' es ferner mal geschehen,
bekennt den Herrn mit frohem Mund,
dass wahrlich jeder es kann sehen:
Ein Christ liebt Gott zu jeder Stund'!"

Not lehrt beten!

Dreiundvierzig war's in Russland,
Krieg im Land und große Not.
Einst war es bei einem Durchgang,
uns ein Hüttlein Obdach bot.

Wenn ich abends dann heimkehrte,
sah ich einen alten Mann,
wie er sich allein bewährte,
wenn das Tagwerk war getan.

Einst begehrt' ich ihn zu zeichnen
und er willigte auch ein.
Nirgends fand ich seinesgleichen,
die Gestalt flößt Ehrfurcht ein.

So vertieft in meine Arbeit,
hat sein Schicksal er erzählt:
„Als ich lebte noch in Freiheit,
war ich jung, doch schon vermählt.

Offizier und Großbesitzer,
lebten gut in Lieb und Glück.
Dann kam jener Völkerhetzer
und zerschlug die Lebensbrück'.

Sieben Söhne und fünf Töchter
wahren uns von Gott verlieh'n,
doch dann wurd' das Leben schlechter,
mussten nach Sibirien zieh'n.

‚Siebenundzwanzig Jahr' Verbannung',
hieß das Urteil vom Gericht.
Laut Befehl der neuen Ordnung,
gab's hier kein Erbarmen nicht.

Meine Frau ist längst gestorben,
sieben Kinder auch dazu.
Dann im Krieg noch fünf verloren,
einsam steh ich, ohne Ruh.

Wütend droh'n des Feindes Mächte,
schreiten über Berg und Land.
Bald wir steh'n im Kriegsgefechte:
Ob wir werden halten stand?"

„Wollt ihr euch mit uns absetzen,
wenn zurück wir müssen zieh'n?"
„Nein, das kann mir gar nichts nützen,
vor wem sollte ich noch flieh'n?

Viele Güter hab verwaltet,
Höh'n und Tiefen auch erprobt."
Zum Gebet die Hände faltet:
„Du, mein Heil, Gott sei gelobt!

Nur dies Kreuz ist mir geblieben,
das heut ziert an meiner Brust.
Denn was Gott mir hat beschieden,
ist mir heute unbewusst.

Er hat mich bis hier bewahret,
wird auch ferner mit mir sein.
Meine Seel' im Geiste harret,
niemals lässt er mich allein!"

Lasst uns dies zu Herzen nehmen,
mehr vertrau'n auf Gottes Wort
und in Lebensstürmen, Leiden
auf ihn schau'n auch in der Not!

Gott kann...

Ein Schiff ging aus von Buffalo,
die Mannschaft voller Mut und froh,
nach Norden auf den Eriesee.
Das Wasser rein von Eis und Schnee.

Als man dem Norden näher kam,
der Kapitän mit Schreck vernahm,
dass Packeis liegt von einer Seit',
das Meer vom Eis noch nicht befreit.

Ein Eisfeld treibt der Wind voran,
direkt auf dieses Schiffes Bahn.
Der Kapitän vor Schrecken starr,
der Untergang ist allen klar.

An Deck die Mannschaft er befiehlt,
den Ernst der Lage dann erzählt.
Hier kann nur helfen Gott allein,
wer beten kann, der greife ein.

Da trat der Steuermann hervor
und alle Mannschaft spitzt das Ohr.
Soll dies wohl unsre Rettung sein?
Die Aussicht ist fürwahr sehr klein.

Er betet ernst und laut mit Fleh'n,
als bald der Kapitän muss seh'n:
Der Wind hat sich zur Zeit gedreht
und eine Lück' im Eis entsteht.

Nun sahen alle Männer klar,
dass dies des Herren Werk hier war.
In Ehrfurcht schnell das Haupt geneigt,
ein jeder nach der Mütze greift.

So spricht nun auch der Kapitän:
„Ein Gotteswunder ist geschehn."
Der Steuermann zum Mast blickt auf:
„Woll'n wir dem Schiffe geben Lauf?"

Vom Kapitän erschallt ein „Nein!
Nichts ändern mehr, lass es so sein.
Die Leitung ist in Gottes Hand,
wir kommen sicher an das Land."